必要な知識・スキルからHRMまで

担当になったら知っておきたい「人事」の基本

Fフロンティア株式会社 代表取締役

深瀬勝範 Katsunori Fukase

日本実業出版社

まえがき

　本書は、「人事の仕事を理解したい」という人のために書かれた、「人事の教科書」です。人事担当者が仕事をする上で必要となる、以下の5つの知識・スキルについて網羅的かつ簡潔に説明しています。

　①人事の仕事（業務内容）に関する知識
　②労働法・社会保険に関する知識
　③コミュニケーションに関するスキル
　④問題発見・解決に関するスキル
　⑤マネジメントに関する知識

　これまで、①の人事業務、②の労働法・社会保険に関する実務書は、数多く出版されてきました。そこで本書では、これらの知識に関する説明は、できる限り絞り込みました。

　逆の見方をすれば、「本書に書かれている業務知識や労働法・社会保険に関する知識は、人事担当者として仕事をする上で最低限必要なもので、これぐらいは知っておかなければならない」ということです。

　その意味では、「事務手続きや社会保険のポイントを知っておきたい」という人には最適な内容だと思います。

　③のコミュニケーション、④の問題発見・解決についても、数多くの書籍が刊行されていますが、これらは「人事担当者向け」のものではありませんでした。そこで本書では、人事担当者に必要とされるコミュニケーションのスキルや問題発見・解決スキルについて、「日常的な人事業務の中で、どのように発揮し、向上させていくか」という観点から解説することにしました。

　「コミュニケーションや問題解決に関する本に書かれていることを、実際の仕事の中で生かすのは難しい」と思ったことがある人事担当者に

は、この本がきっと役に立つと思います。

　⑤のマネジメントに関する知識についても、今までの人事関連向けの実務書では、あまり取り上げられてきませんでした。

　しかし、人事担当者は「人材という経営資源の管理」を行なっている以上、マネジメントに関する知識の習得は不可欠です。とくにマネジメント理論の根底にある「人間のとらえ方」（人間観）、および近年のＨＲＭ（Human Resource Management、人的資源管理）に見られる「経営戦略と人事管理の関係付け」は、人事の仕事に携わる者であれば、必ず身に付けておくべきです。

　そこで本書では、人事担当者が知っておくべきマネジメント理論についても解説することにしました。多種多様な従業員を管理することの大変さを味わった経験がある人事担当者であれば、きっと、マネジメント理論を「面白い」（共感できる部分が多い）と思うはずです。

　本書は、人事部門の若手社員向けに書かれた教科書ですが、労務管理やマネジメントに関する基礎知識を学ぶという用途においては、人事部門の中堅以上の社員や、人事部門以外の管理職の方でも、十分に役立つ内容になっています。このような方にも、ぜひ読んで頂きたいと思います。

　本書が、人事の仕事やマネジメントに関する基本的な知識やスキルを身に付けたいと思われている方々の、お役に立てれば幸いです。

　2018年6月

著者

担当になったら知っておきたい「人事」の基本●目次

第1章 仕事の流れと業務内容を理解しよう

1-1 「人事の仕事」を理解する —————————————— 10

1 人事の仕事の目的　10
2 人事の仕事の内容　10
3 人事担当者の役割　13
4 人事担当者の心構え　14

1-2 1年間の仕事の「流れ」を把握する —————————— 16

1 人事の仕事の年間スケジュール　16
2 第1四半期(4月1日～6月30日)に行なわれること　16
3 第2四半期(7月1日～9月30日)に行なわれること　18
4 第3四半期(10月1日～12月31日)に行なわれること　19
5 第4四半期(1月1日～3月31日)に行なわれること　19

1-3 入社から退職までの「流れ」を把握する —————————— 21

1 「入社」「退職」の意味、雇用期間中の義務　21
2 入社時の手続き　23
3 雇用期間中の手続き　27
4 退職時の手続き　30

1-4 就業規則を知る —————————————————— 37

1 就業規則の記載事項　37
2 就業規則の種類　38
3 就業規則と労働法令との関係　39

4　就業規則の内容（会社が実施すること／従業員が守るべきこと）　40

5　押さえておくべき就業規則の項目　42

6　就業規則の作成と周知　42

1-5 人事制度を理解する ——————————— 45

1　人事制度の全体像　45

2　等級制度　47

3　評価制度　49

4　報酬制度　52

1-6 給与計算をマスターする ——————————— 60

1　給与明細の構造　60

2　勤怠の計算　62

3　支給の計算　63

4　控除の計算　64

5　給与計算の具体例　68

6　年末調整の業務　71

第2章　労働法と社会保険の知識を身に付けよう

2-1 労働法とは ——————————————— 80

2-2 労働基準法の基礎知識 ——————————— 82

1　労働契約に関すること　83

2　賃金に関すること　83

3　労働時間や休日に関すること　84

4　休暇・休業に関すること　91

5　その他のこと　92

2-3 その他　労働法令に関する基礎知識 —————————— 94

- ① 「労働条件の不利益変更」と「無期転換ルール」　～労働契約法～　94
- ② 性別を理由とした差別の禁止　～男女雇用機会均等法～　95
- ③ 育児・介護休業制度のポイント　～育児・介護休業法～　96
- ④ 60歳以降の継続雇用の義務化　～高年齢者雇用安定法～　100
- ⑤ パートを雇用するときの注意点　～パートタイム労働法～　101
- ⑥ 派遣社員を使用するときの注意点　～労働者派遣法～　103
- ⑦ その他の労働法令　104

2-4 労働保険・社会保険に関する基礎知識 —————————— 106

- ① 労働・社会保険の種類　107
- ② 労働・社会保険の被保険者　108
- ③ 労働・社会保険の保険給付　110
- ④ 従業員からの問い合わせに対する回答の例　117

第3章　コミュニケーション能力を高めよう

3-1 人事の仕事とコミュニケーション —————————— 122

- ① 人事の仕事には不可欠な「コミュニケーション」　122
- ② コミュニケーションに必要な心構え　123

3-2 場面別コミュニケーションのポイント —————————— 129

- ① 上司や上級者への報告・連絡・相談　129
- ② 従業員や学生への説明・連絡（「１対多」のコミュニケーション）　130
- ③ 従業員との面談、下級者の指導（「１対１」のコミュニケーション）　131
- ④ 入社希望者・学生を相手にした採用面接　135
- ⑤ 会議の運営（ファシリテーション）　136

6 経営層への提言・プレゼンテーション　139

7 労働組合・従業員代表との交渉　140

3-3 コミュニケーション・ストレスへの対処法 ——— 143

1 ストレスに対処するときの基本的な考え方　143

2 アサーティブなコミュニケーションとは　144

3 アサーティブなコミュニケーションのとり方　147

4 他人に話してストレスを発散する（ストレスを話せる友人を持つ）　150

3-4 コミュニケーション能力向上のために ——— 152

1 コミュニケーションの機会があれば積極的に挑戦する　152

2 うまいと思う人のコミュニケーションの仕方を真似する　152

第4章 問題発見・解決能力を高めよう

4-1 問題発見・解決の基本的な考え方 ——— 156

1 「問題」とは何か？　156

2 問題発見・解決のステップ　157

4-2 問題発見段階の進め方 ——— 159

1 理想・あるべき姿の明確化　159

2 現状の把握　160

3 理想・あるべき姿と現状とのギャップ（＝問題）の提示　161

4-3 問題解決段階の進め方 ——— 163

1 問題を発生させている要因の明確化　163

2 問題を解決する仕組みなどの導入　165

4-4 場面別トラブルなどへの対処法 —————————— 166

- 1 問題社員への対応　166
- 2 外部機関（労働基準監督署など）の立ち入り調査への対応　167
- 3 セクハラ・パワハラへの対応　168
- 4 インターネット上の悪評被害への対応　169

4-5 データ分析能力の向上のために —————————— 170

- 1 基礎的な経営指標の見方を身に付ける　170
- 2 統計データを使って賃金水準などの分析を行なう　174
- 3 パソコンを使って統計的手法によるデータ分析を行なう　178

4-6 問題発見・解決の上で重要なこと ————————— 188

第5章 マネジメント理論を勉強しよう

5-1 マネジメントとは ————————————————— 190

- 1 マネジメントとは何か　190
- 2 ＰＤＣＡサイクルとは　191

5-2 マネジメント理論と人間観 ——————————————— 192

- 1 テイラーの「科学的管理法」と経済人モデル　192
- 2 「人間関係論」と社会人モデル　196
- 3 モチベーション理論と自己実現モデル　198
- 4 マネジメント理論と人間観のまとめ　201

5-3 モチベーション理論 ————————————————— 203

- 1 コンテント理論　203

7

2 プロセス理論　205

3 新しいモチベーション理論　206

5-4 組織とリーダーシップ論 ——————— 210

1 組織とは何か　210

2 組織形態の種類　211

3 望ましいリーダー像　（リーダーシップ論の変遷）　213

5-5 現代の人材マネジメント ——————— 218

1 PMからHRMへ　218

2 経営戦略と関連付けたHRM　220

5-6 日本企業の人材マネジメント ——————— 225

1 日本の経営の三種の神器～終身雇用・年功序列・企業内組合～　225

2 日本企業の人材マネジメントの変遷　227

3 日本型と欧米型の人材マネジメントの比較　232

4 人材マネジメントの将来像と人事部門の在り方の変化　234

巻末付録

1. 労務管理に関する手続きリスト ——————— 240

2. 社会保険の主な保険給付一覧 ——————— 244

索引

カバーデザイン／冨澤崇（EBranch）
本文DTP／一企画

※本書の内容は、2018年6月時点での法令等に基づいています。

第**1**章

仕事の流れと業務内容を
理解しよう

1-1 「人事の仕事」を理解する

1 人事の仕事の目的

　人事の仕事とは、「会社と従業員の成長を目的として、人材の採用・配置、労働条件の決定、職場環境の整備など、人に関する一連の管理業務を行なうこと」といえます。

　会社が成長すれば、賃金を高くしたり、職場環境を整備したりすることが可能になりますから、従業員の満足度は向上します。また、従業員が能力を伸ばし、意欲を持って働けば、会社の成長が実現します。このように、会社と従業員との間に「Win－Winの関係」を構築することこそが、人事の仕事の目的です。

　人事の仕事の中には、データ処理などの作業、従業員から寄せられる苦情の処理、そして、社内イベントの手配などの業務もあります。このような「雑務」に振り回されていると、ときとして人事担当者は「何のために仕事をしているのか」と悩んでしまうことがあります。しかし、たとえ雑務に思えるような仕事であっても、人事の仕事は、最終的には会社と従業員の成長のために行なわれている、とても重要なものです。

　人事担当者は、このことを常に頭に入れておくようにしましょう。

2 人事の仕事の内容

　人事部門では、採用、配置、教育、労働条件の決定、給与計算など、さまざまな仕事が行なわれています。一定の規模以上の会社になると、人事部門には複数の従業員が在籍し、それぞれが担当を決めて仕事をし

ています。こうなると、自分の担当業務以外のことがわからず、人事の仕事の全体像がつかみにくくなってしまいます。

　しかし、人事の仕事は、それぞれが密接に関係しているため、全体像をつかまなければ、個々の仕事がうまくいきません。例えば、採用業務を担当している人は、自社の労働条件や人事制度のことも理解していなければ、入社希望者からの質問に適切に答えることができません。

　一方、労働条件の決定に関する業務を担当している人は、新卒の採用状況なども理解していないと、適切な判断ができません。

　人事部門に配属された人は、まず、人事の仕事の全体像をつかむことが必要です。自分の担当業務が決まると、それに関する知識を身に付けることに意識が向いてしまいがちですが、全体像をつかんでから個々の業務に関する知識を勉強したほうが、仕事に対する理解が深まり、仕事ができるようになるのも早いのです。

　それでは、人事の仕事の全体像とは、どのようなものでしょうか。
　「人事の仕事の目的」でも述べたとおり、人事の仕事とは、「人に関する一連の管理業務を行なうこと」です。そして、それは、次の6つの機能によって行なわれます。

　①従業員を確保する
　②従業員に職務を与える
　③従業員の働き方を管理する
　④従業員に報酬を支払う
　⑤従業員の能力を伸ばす
　⑥従業員が働きやすい環境を整備する

　それぞれの機能について具体的な仕事を示すと、次ページの【図表1-1】のようになります。これを見ると、人事部がいかに幅広い仕事をしているかがわかります。

人事担当者は、これらの仕事の一部を担当し、数年おきに担当業務を
替えながら、人事の仕事全般を経験していきます。ただし、中小企業で
は、このように業務が細分化されていなかったり、仕事の一部が行なわ
れていなかったりすることがあります。また、大企業でも、給与計算な
どの業務を専門業者に委託して、社内では行なっていないこともありま
す。

　自社の人事部がこれらの仕事のうち、どこまで行なっているのか、各
自で確認してみてください。

■**図表1-1　人事の仕事の機能と主な業務内容**

人事の仕事の機能	主な業務内容
①従業員を確保する	●要員計画の策定 ●募集・採用活動 ●内定・入社手続き ●新入社員研修、入社後フォロー
②従業員に職務を与える	●配置の決定、異動手続き ●役職登用、昇格者の決定 ●等級制度の構築・運用 ●評価制度の構築・運用
③従業員の働き方を管理する	●労働条件の決定 ●就業規則の改訂・運用 ●就業管理（労働時間管理） ●労使交渉、労使協定の締結
④従業員に報酬を支払う	●報酬制度の構築・運用 ●給与計算 ●退職金支給、企業年金にかかわる事務 ●社会保険にかかわる事務
⑤従業員の能力を伸ばす	●「期待される人材像」の明確化 ●教育訓練（研修）の企画・運営 ●キャリア面談、アセスメントなどの実施 ●社内の技能資格制度の構築・運用
⑥従業員が働きやすい環境を整備する	●安全衛生管理、メンタルヘルスケア ●ハラスメントの防止、職場環境の整備 ●福利厚生施策の企画・運営 ●モチベーション向上策の実施

3 人事担当者の役割

　人事担当者が行なう仕事は幅広いものですが、仕事の提供先（顧客）は、基本的に「経営者」か「従業員」です。また、仕事の種類も、大きく分ければ、「企画・開発的な仕事」と「管理・業務的な仕事」に分かれます。この「仕事の提供先」と「仕事の種類」という軸に基づいて考えると、人事担当者の役割として、次の4つをあげることができます（【図表1-2】）。

①コンサルタントとしての役割
　経営者に対して、要員計画や人材開発に関するさまざまな施策を企画提案し、実践する「コンサルタント」としての役割。人事担当者は、経営が間違った方向に向かっているときには、それを忠告できる存在にならなければなりません。

②マネージャーとしての役割
　経営者が行なうべき労務管理に関する業務全般を代行して行なう「マネージャー」としての役割。人事部門は、各職場の管理者全体を指導監督する「管理者のマネージャー」なのです。

③コーチとしての役割
　従業員の能力開発やキャリア開発の方向性を定め、研修や施策を企画する「コーチ」としての役割。

④エージェント（代理人）としての役割
　従業員が行なうべき社会保険の手続きを代行したり、福利厚生サービスを行なったりする「エージェント（代理人）」としての役割。

■figure 1-2 人事担当者の役割

　実際に行なう業務によって、各役割のウェイト配分は異なりますが、人事担当者であれば、これら4つの役割のすべてを担っています。

4 人事担当者の心構え

　人事は、従業員の処遇にかかわる重要な仕事です。人事担当者は、次の心構えを忘れないようにしましょう。

①公平無私

　「えこひいき」をしたり、自分勝手な言動が目立ったりする人事担当者は、従業員からの信頼を得ることはできません。人事の仕事をする

上で、常に公平無私の心構えで臨むことが必要です。

②情報の取り扱いに注意すること

人事担当者が取り扱う情報には、経営の機密情報や従業員の個人情報が含まれています。機密情報を外部に漏らさない、書類の管理をしっかりと行なうなど、情報の取り扱いには注意してください。

③サービス提供者としての意識を持つこと

従業員から相談を受けるうちに、自分が偉くなったと勘違いして、高圧的な態度をとるようになる人事担当者もいます。自分がサービス提供者であることを忘れず、誠実な姿勢で人に接しましょう。

1-2 1年間の仕事の「流れ」を把握する

どのような仕事でも「流れ」をつかむことは大変重要です。

仕事の流れをつかめば、担当者は、上司からの指示がなくても、自分の判断で、効率よく、作業を進められるようになります。

人事の仕事には、毎年、定期的に実施されるものが多く含まれるため、その流れをつかむときには、「年間スケジュールの中で、いつ、どのような作業が発生するのか」という視点を持つといいでしょう。

１ 人事の仕事の年間スケジュール

人事の仕事の多くは、1年間を1つのサイクルとして行なわれています。

【図表1-3】は、4月に新年度がスタートする会社の人事の仕事の年間スケジュールを示したものです。これを例にとって、人事の仕事の流れを見ていきましょう。なお、4月以外の月に新年度がスタートする会社は、ここで示した年間スケジュールと異なる場合があります。

２ 第１四半期（４月１日〜６月30日）に行なわれること

4月初旬（あるいは3月下旬）に、新卒の新入社員が入社します。人事部門は、新卒の受け入れとして、入社式や新入社員研修などを実施し、新入社員を社会保険に加入させる手続き（被保険者資格の取得）などを行ないます。

新年度の開始にあたり組織変更が行なわれることがあり、この場合、人事異動や管理職登用が大量に発生します。人事担当者は、それが円滑に行なわれるように、辞令交付などの手配を進めます。

■図表1-3　人事の仕事の年間スケジュール

期　間	第1四半期	第2四半期	第3四半期	第4四半期
	4月	7月	10月	1月
①従業員を確保する （採用、要員計画策定 など）	新卒受け入れ ➡ 大卒採用（広報・選考） ➡➡➡➡➡		内定 ➡	新卒受け入れ準備 ➡ 要員計画の策定 ➡
②従業員に職務を与え る （配置、人事制度運用 など）	夏季賞与評価 ➡	年末賞与評価 ➡		定期異動の準備 ➡ 昇格昇給評価 ➡
③働き方を管理する （労働条件管理、労使 関係管理など）			労働条件の決定 就業規則の改定 ➡➡➡➡	賃上げ交渉（春闘） ➡
④報酬を支払う （給与計算、社会保険 事務など）	昇給計算 ➡ 労働保険の年度更新 標準報酬月額の定時決定 ➡➡		年末調整 ➡	
⑤従業員の能力を伸ば す （研修運営、キャリア 開発など）	施策の実施 ▪▪▪▪▪▪▪▪▪▪▪▪▪▪▪➡			研修の企画 ➡
⑥働きやすい環境を整 備する （安全衛生、職場環境 の整備など）	施策の実施 ▪▪▪▪▪▪▪▪▪▪▪▪▪▪▪➡			施策の企画 ➡

第1章　仕事の流れと業務内容を理解しよう

17

また、4月に給与の改定（昇給）を行なう会社では、4月の給与支給日までに各従業員の新給与の額を決定して、給与計算システムのデータ更新を行ないます。

　新入社員の受け入れや新年度への対応は、5月中旬までには、おおむね終了します。その後、人事部門は、翌年に入社する大卒新卒の選考活動や夏季賞与の支給準備などを行ないます。

　大学卒・院卒の採用活動の開始時期については、毎年秋に日本経済団体連合会（経団連）が指針を公表しますので、それを確認しておきましょう。

　なお、2018年度入社の大卒新卒の採用活動は、次のスケジュールで進められました。

●会社説明会の実施などの広報活動の開始時期：入社年前年の3月1日以降
●面接、筆記試験などの選考活動の開始時期：入社年前年の6月1日以降
●正式な内定日：入社年前年の10月1日以降

3　第2四半期（7月1日～9月30日）に行なわれること

　採用担当者は、大卒新卒の選考活動を行ない、いわゆる「内内定」（内定を出すことの約束）を出しはじめます。

　また、給与担当者は、労働者災害補償保険・雇用保険の保険料の納付手続きと、健康保険・厚生年金保険の保険料などの算定基礎となる標準報酬月額を年金事務所などに届け出る手続きを行ないます。

　労働者災害補償保険・雇用保険の保険料の納付手続きを「労働保険の年度更新」といい、毎年6月1日～7月10日の間に実施します。

　健康保険・厚生年金保険の標準報酬月額の届け出は、「定時決定」といい、毎年7月1日～7月10日の間に実施します。

4 第3四半期（10月1日～12月31日）に行なわれること

　新卒採用を行なっている会社の多くは、10月1日に翌年春の入社予定者の「内定式」を行ない、ここで正式に内定を出します。また、人事担当者は、年末賞与に向けて人事評価や支給額の計算などを行ないます。
　11月中旬頃から、給与担当者は、「年末調整（各従業員の1年間の報酬を確定させて、所得税を納付する作業）」に取りかかります。
　年末調整は、各従業員に源泉徴収票を交付し、その結果を示した書類を税務署や市区町村に提出するまで（翌年1月中旬頃まで）行なわれます。

 ### 5 第4四半期（1月1日～3月31日）に行なわれること

　労働組合のある会社の場合、2月頃から、労務担当者は、翌年度の賃金改定に向けて、賃上げ額（従業員一人あたりの賃金の引き上げ額）などを決定する労働組合との交渉を開始します。
　この労使交渉は、賃上げ額などが確定するまで（3月中旬頃まで）継続して行なわれます。
　このような労使交渉は、毎年2月から3月にかけて、多くの会社で一斉に行なわれており、「春季生活闘争（春闘）」と呼ばれています。
　労使交渉では、翌年度の労働条件の見直しについても議論されることがあります。労働条件の見直しが決まった場合、人事担当者は、就業規則を改定し、従業員に周知徹底するなどの手続きをすることが必要になります。
　人事担当者は、翌年度の各従業員の等級・役職を決定するための人事評価を実施して、昇格者や管理職登用者を選出します。翌年度から新体制に移行する場合、昇格者・管理職登用者には3月中に通知することが必要になるため、それに間に合うように仕事が進められます。
　3月に入ると、採用担当者は新入社員の受け入れ準備で、また人事部

全体が翌年度に向けての準備で忙しくなります。

＊　　　＊　　　＊

　以上が、人事の仕事の年間スケジュールとなります。

　１年のうちで、仕事がとくに忙しくなる時期は、新入社員受け入れ、組織変更、賃金改定などが重なる「３月中旬から４月末まで」、および年末調整や賞与支給が重なる「11月下旬から12月末まで」です。

　したがって、人事の仕事を効率的に行なうためには、「仕事が忙しくなる４月と12月の前に周到な準備をすること」、「仕事が比較的忙しくない時期（６月〜11月頃）に、労働条件の改善や人事施策の企画などを十分に検討しておくこと」などが必要といえます。

　人事担当者は、このような仕事の年間スケジュールを頭に入れておいて、自分の仕事が計画的に進められるようにしましょう。

1-3 入社から退職までの「流れ」を把握する

　人事担当者は、年間スケジュールの他に、もう一つの仕事の「流れ」を把握することが必要です。それは、従業員の入社から退職までの流れ、すなわち入社時（実際には選考、内定の段階から）、雇用期間中、退職時の各局面における人事部門のかかわり方を理解するということです。

　ここでは、入社時、雇用期間中、退職時の各局面において、人事担当者が行なう主な手続きについて説明します。

1 「入社」「退職」の意味、雇用期間中の義務

　手続きの説明に入る前に、まず「入社」「退職」という言葉の意味を理解しましょう。

　「入社」とは、会社（使用者）と従業員（労働者）との間で労働契約が締結され、それが効力を発することをいいます。

　労働契約とは、「労働者が使用者に使用されて労働し、使用者がこれに対して賃金を支払うこと」を定めた契約で、労働者と使用者の双方が合意することによって成立します（労働契約法第6条、民法第623条）。

　なお、労働基準法では「労働契約」という言葉が使われ、民法上の契約の種類としては「雇用」という言葉が使われますが、両者は、基本的には同じことを意味します。

　一般的に、会社は採用を決めた者に対して「内定」を出します。内定者はまだ会社で働いていませんが、労働契約においては「大きな問題が発生しなければ」という条件付きで成立したものととらえられています。多くの会社が新卒者の入社式を4月に行ないますが、これは、社内イベントであって、法的な意味での「入社」とは関係がありません。法律上

■図表1-4　入社から退職までの流れ、および会社の義務

は、あくまでも労働契約が成立し、発効したことをもって「入社」ととらえます。

　一方、労働契約が終了することを、一般的に「退職」といいます。退職には、定年年齢に達したこと（定年退職）、締結時に定めた契約期間が終了したこと（期間満了退職）、従業員自身の都合によるもの（自己都合退職）などがあります。
　なお、リストラなどにより、会社側が一方的に労働契約を終了させることを「解雇」といいます。

　入社から退職までの労働契約が成立している期間、つまり、従業員が労務を提供し、会社がそれに対して賃金を支払う期間を「雇用期間」といい、このような従業員と会社の関係（労務の提供に対して賃金を支払

う関係）を「雇用関係」といいます。

　従業員が労務を提供し、会社がそれに対して賃金を支払うという労働契約が成立すると、従業員と会社それぞれに、その契約を守る義務が生じます。

　まず、従業員には、会社の指示命令に従って、一生懸命に仕事をする義務や、職場内のルールを守る義務が発生します。

　一方、会社には、労働基準法を遵守して、最低基準を上回る労働条件を設定する義務、従業員の安全や健康に配慮する義務、および働きやすい職場環境をつくる義務などが生じます。

　さらに会社は、労働者を社会保険に加入させたり、賃金から税金（源泉所得税など）を控除して納付したりする義務も生じます。社会保険への加入や税金の納付は、本来は、従業員が個人の責任で行なうべきことですが、会社に勤務する従業員については、これらの手続きを会社がまとめて行なうように法律で定められているのです。

　人事の仕事の中には、従業員を雇用する上で会社に生じる義務を、経営者に代わって履行しているものが多く含まれています。

2 入社時の手続き

　それでは、従業員の「入社時」「雇用期間中」「退職時」に分けて、人事担当者が行なう手続きを見ていきましょう。

　入社時には、従業員と会社との間で労働契約を締結することが必要です。契約締結時に、会社は、賃金や労働時間などの労働条件を書面（【図表1-5】）で労働者に明示しなければなりません（労働基準法第15条）。

　会社は、雇用した従業員を社会保険に加入させなければなりません。この手続きを、社会保険の「被保険者資格の取得」といいます。人事担当者は、健康保険・厚生年金保険の被保険者資格取得届を年金事務所等へ、また雇用保険の被保険者資格取得届をハローワークへ、それぞれ提

■図表1-5　労働条件通知書の例

（一般労働者用；常用、有期雇用型）

労働条件通知書

平成30 年 1 月 1 日

山田　太郎 殿

東京都千代田区××町1−1
事業場名称・所在地 ××商事株式会社
使用者職氏名 代表取締役　佐藤　一郎

契約期間	(期間の定めなし)、期間の定めあり（　　年　　月　　日〜　　年　　月　　日） ※以下は、「契約期間」について「期間の定めあり」とした場合に記入 1　契約の更新の有無 　[自動的に更新する・更新する場合があり得る・契約の更新はしない・その他（　　　　）] 2　契約の更新は次により判断する。 　・契約期間満了時の業務量　　　・勤務成績、態度　　　　・能力 　・会社の経営状況　・従事している業務の進捗状況 　・その他（　　　　　　　　　　　　　　　　　　　　　　　　　　） 【有期雇用特別措置法による特例の対象者の場合】 無期転換申込権が発生しない期間： I （高度専門）・II （定年後の高齢者） 　I　特定有期業務の開始から完了までの期間（　　年　　か月（上限10年）） 　II　定年後引き続いて雇用されている期間
就業の場所	東京本社　（ただし、転勤を命じることがある）
従事すべき 業務の内容	市場動向の調査、営業企画（ただし職務転換を命じることがある） 【有期雇用特別措置法による特例の対象者（高度専門）の場合】 ・特定有期業務（　　　　　　開始日：　　　　完了日：　　　　）
始業、終業の 時刻、休憩時 間、就業時転 換（(1)〜(5) のうち該当す るもの一つに ○を付けるこ と。）、所定時 間外労働の有 無に関する事 項	1　始業・終業の時刻等 　(1) 始業（ 9 時 00 分）　終業（ 17 時 30 分） 　【以下のような制度が労働者に適用される場合】 　(2) 変形労働時間制等；（　　）単位の変形労働時間制・交替制として、次の勤務時間の 　　組み合わせによる。 　┌始業（　時　分）終業（　時　分）　（適用日　　　　　） 　├始業（　時　分）終業（　時　分）　（適用日　　　　　） 　└始業（　時　分）終業（　時　分）　（適用日　　　　　） 　(3) フレックスタイム制；始業及び終業の時刻は労働者の決定に委ねる。 　　　　（ただし、フレキシブルタイム（始業）　時　分から　　時　分、 　　　　　　　　　　　　　（終業）　時　分から　　時　分、 　　　　　　　　　コアタイム　　　　時　分から　　時　分） 　(4) 事業場外みなし労働時間制；始業（　時　分）終業（　時　分） 　(5) 裁量労働制；始業（　時　分）終業（　時　分）を基本とし、労働者の決定に委ね 　　る。 　○詳細は、就業規則第　条〜第　条、第　条〜第　条、第　条〜第　条 2　休憩時間（60）分 3　所定時間外労働の有無（有），無
休　日	・定例日；毎週土・日曜日、国民の祝日、その他（夏休み3日、年末年始休み5日） ・非定例日；週・月当たり　　日、その他（　　　　　） ・1年単位の変形労働時間制の場合−一年間　　日 ○詳細は、就業規則第　条〜第　条、第　条〜第　条
休　暇	1　年次有給休暇　6か月継続勤務した場合→　　10　　日 　　　　　　　　継続勤務6か月以内の年次有給休暇　（有・無） 　　　　　　　　→　か月経過で　　日 　　　　　　　　時間単位年休（有・無） 2　代替休暇（有・無） 3　その他の休暇　有給（　　　　　　　　　） 　　　　　　　　無給（　　　　　　　　　） ○詳細は、就業規則第28条〜第30条、第　条〜第　条

24

賃　　金	1　基本賃金　イ　月給（200,000円）、ロ　日給（　　　　円）
	ハ　時間給（　　　　円）、
	ニ　出来高給（基本単価　　　円、保障給　　　円）
	ホ　その他（　　　　円）
	ヘ　就業規則に規定されている賃金等級等
	2　諸手当の額又は計算方法
	イ（通勤手当　　　　円　／計算方法：　諸手当の支給額、）
	ロ（役職手当　　　　円　／計算方法：　計算方法などは、）
	ハ（家族手当　　　　円　／計算方法：　賃金規程を参照）
	ニ（住宅手当　　　　円　／計算方法：
	3　所定時間外、休日又は深夜労働に対して支払われる割増賃金率
	イ　所定時間外、法定超　月60時間以内（ 25 ）%
	月60時間超　（ 50 ）%
	所定超　（　　）%
	ロ　休日　法定休日（　　）%、法定外休日（　　）%
	ハ　深夜（ 25 ）%
	4　賃金締切日（　　）－毎月　日、（　　）－毎月　日
	5　賃金支払日（　　）－毎月　日、（　　）－毎月　日
	6　賃金の支払方法（指定する口座に振込み）
	7　労使協定に基づく賃金支払時の控除（無 ,（有）(親睦会費)）
	8　昇給（時期等 成績優秀な場合、毎年4月に実施）
	9　賞与（（有）(時期、金額等　　　　　） , 無 ）
	10　退職金（（有）(時期、金額等 規程による） , 無 ）
退職に関す る事項	1　定年制　（（有）（60歳） , 無 ）
	2　継続雇用制度（（有）（65歳まで） , 無 ）
	3　自己都合退職の手続（退職する 30日以上前に届け出ること）
	4　解雇の事由及び手続
	天災で事業継続が不可能になった場合、重大な規則違反があった 場合など、その他の事由による解雇は30日前までに予告する
	○詳細は、就業規則第　条～第　条、第　条～第　条
そ の 他	・社会保険の加入状況（厚生年金　健康保険）厚生年金基金　その他（　　　））
	・雇用保険の適用（（有） , 無 ）
	・その他

※以下は、「契約期間」について「期間の定めあり」とした場合についての説明です。

　労働契約法第18条の規定により、有期労働契約（平成25年4月1日以降に開始するもの）の契約期間が通算5年を超える場合には、労働契約の期間の末日までに労働者から申込みをすることにより、当該労働契約の期間の末日の翌日から期間の定めのない労働契約に転換されます。ただし、有期雇用特別措置法による特例の対象となる場合は、この「5年」という期間は、本通知書の「契約期間」欄に明示したとおりとなります。

※　以上のほかは、当社就業規則による。
※　労働条件通知書については、労使間の紛争の未然防止のため、保存しておくことをお勧めします。

出します。

　なお、中途採用者については、これらの手続きをする上で、本人が所持している「年金手帳」や「雇用保険被保険者資格証」が必要になりますので、入社日に従業員に持参させるようにします。

　また、従業員に賃金を支払うときには、会社は、原則として、賃金から源泉所得税を控除しなければなりません。源泉所得税は、従業員の家族（扶養親族）の人数によって変わりますので、それを確認するため、従業員に「扶養控除申告書」を記入させて、会社に提出させます。中途採用者の場合は、前職の所得や所得税の納付状況を記載した「源泉徴収

■**図表1-6　入社時に人事担当者が行なう主な手続き**

手続き	関係書類	一般的な処理
労働契約の締結	労働契約書（雇用契約書）	2通作成し、会社と本人が記名・押印する。1通を会社保管、もう1通を本人保管とする。
	労働条件通知書	労働時間、賃金などを記載した書面を従業員に提示する（労働契約書と兼ねることもある）。
社会保険の被保険者資格の取得	健康保険・厚生年金保険被保険者資格取得届	年金事務所等に提出。なお「健康保険被保険者証」が発行されたら、従業員に交付する。
	雇用保険被保険者資格取得届	ハローワークに提出（健保・厚生年金と一緒に事務センターに届けることも可能）。
源泉所得税の徴収準備	扶養控除申告書	本人に記入させて、会社に提出させる（会社にて保管）。
マイナンバーの取得	マイナンバーカードなど	利用目的を明示した上で、従業員からマイナンバーを取得（会社にて管理）。
その他	誓約書	必要に応じて、従業員に提出を求める（会社にて保管）。
	身元保証書	
	卒業証明書・成績証明書など	

26

票」も提出させます。

　さらに、会社は社会保険や税金に関する手続きを行なうため、従業員のマイナンバーを取得することが必要になります。従業員にマイナンバーの利用目的を説明した上で、本人および扶養家族のマイナンバーカードの提示などを求めます。

　この他に会社によっては、（誠実に勤務することを約束した）誓約書、身元保証書、卒業証明書などの提出を従業員に求めることもあります。なお、従業員から提出される書類には、個人情報が記載されているので、人事担当者は、その取り扱いには十分に注意しなければなりません。

 3　雇用期間中の手続き

　雇用期間中、使用者は、従業員に仕事を与え、その対価としての報酬を支払うという手続きを継続的に行なうことになります。

　新入社員は、入社時研修が終わると、仕事を与えられ、勤務地が指定されます。これを「配属」といいます。入社時に与えられた仕事や勤務地は、会社の都合または本人の希望により、雇用期間中に変わることがあります。これが「（人事）異動」です。このうち、仕事の内容や勤務する職場が変わることを「配置転換」、従業員の居住地の変更（引っ越し）を伴う勤務地の変更を「転勤」といいます。

　人事部門は、各部門の人員の過不足、従業員の希望などに基づいて、従業員の配置、異動を決定して、本人や関係部門に通知することとあわせて、転勤の場合は、必要に応じて、転勤用社宅の手配などのサポートを行ないます。

　雇用期間中、会社は、従業員に対して、労務の対価として報酬（給与）を支払います。月ごとに給与を支給している会社であれば、1カ月間の

労働日数・時間を集計し、そのデータに基づいて給与計算を行ない、定められた支給日に、給与を従業員が指定した銀行口座に振り込むなどします。

　従業員に給与を支給した場合には、会社は給与明細を作成し、従業員に交付しなければなりません（所得税法第231条第1項）。

●所得税、住民税の徴収と納付

　会社は、従業員に支払う報酬から源泉所得税を控除して、翌月10日までに税務署に納付します。これを「源泉徴収」といいます。

　源泉所得税とは、1月1日から12月31日までの年間所得に対して課せられる所得税を、報酬が支給されるたびに使用者が仮納付するものです。したがって、毎年12月になって1年間の所得が確定すると、納付するべき所得税の額と仮納付した源泉所得税の合計額との差額が算出されます。

　この税金の差額を調整する作業（所得税額よりもすでに徴収した源泉所得税が多い場合は、その差額を本人に還付し、逆の場合は追加徴収する作業）が「年末調整」といわれるもので、毎年12月に行なわれます。

　なお、年末調整が行なわれる前に退職した人などは、翌年、自分で納付した源泉所得税と所得税の調整作業を行なうことになります。これを「確定申告」といいます。

　（源泉）所得税は、国税（国に納める税金）ですが、報酬からは地方税（居住する市区町村に納める税金）も控除されます。これが「（個人）住民税」です。住民税は、使用者が報酬から控除して、従業員が居住している市区町村に翌月10日までに納入します。これを「特別徴収」といいます（一方、従業員が自分で住民税を市区町村に納付することを「普通徴収」といいます）。

●社会保険料、労働保険料の徴収と納付

　会社は、従業員に支払う報酬から、社会保険料（健康保険料、厚生年

■**図表1-7　税金および社会・労働保険料の控除と納付**

区分	従業員からの徴収法、および納付する期間、納付方法
源泉所得税 所得税 （復興特別所得税）	報酬を支払うたびに、会社は源泉所得税を控除し、翌月10日までに税務署に納付する。 1年間（1月1日〜12月31日）の報酬の総額が確定したら、会社は、すでに納付した源泉所得税と、1年間の報酬総額から算出された所得税との差額を算出し、従業員に還付、または追加徴収を行なう（年末調整）。
個人住民税	1年間（1月1日〜12月31日）の報酬総額が確定したら、翌年1月末までに各従業員が居住する市区町村に給与支払報告書を提出する。 市区町村は、納付するべき住民税を確定して、5月末までに会社に通知する。会社は、その住民税額を12分割した額を、翌年6月から翌々年5月までの報酬から控除して、徴収した月の翌月10日までに市区町村に納付する（特別徴収）。
社会保険料 （健康保険、厚生年金保険）	会社は、毎年4月〜6月に支払われた報酬に基づいて「標準報酬月額」を決定（定時決定）し、それに保険料率を乗じた保険料を 当年9月から翌年8月までの報酬から控除して、年金事務所などに納付する。 賞与については、支給されるたびに保険料を算出、控除して納付する。
労働保険料 （雇用保険、労働者災害補償保険※）	会社は、1年間に支払う全従業員分の雇用保険料の見込み額を、労災保険料とあわせて、労働基準監督署などに申告、納付する（概算保険料の納付）。 従業員に報酬を支払うたびに、報酬額に保険料率を乗じた雇用保険料を控除しておき、前年度（前年4月〜当年3月）分の全従業員に支払った賃金総額が確定したら、それに基づいて納付するべき労働保険料（確定保険料）を算出し、概算保険料との差額調整を行なう。 なお、実際には、毎年6月1日から7月10日までの間に、前年度の確定保険料と当年度の概算保険料をあわせて申告・納付する（年度更新）。

※労働者災害補償保険の保険料は、従業員負担分がないため、報酬からの控除が発生しない

金保険料）を徴収して、翌月末日までに、年金事務所や健康保険組合に納付します。

　各従業員が支払うべき社会保険料は、毎年7月に、その年の4月から6月までの3カ月間に支払われた月例賃金の平均額を基に決定した「標準報酬月額」に保険料率を乗じて算出されます。これを「定時決定」といいます。会社は、原則として、毎年7月10日までに定時決定を行ない、各従業員の標準報酬月額を年金事務所等へ提出します。

　なお、定時決定で算出された標準報酬月額は、その年の9月から翌年8月までの各月に適用されますが、この間に報酬が大幅に増減した従業員については、標準報酬月額の改定（随時改定）を行ないます。

　また会社は、雇用保険料として、報酬を支払うたびに、その報酬に保険料率を乗じて算出した金額を控除します。雇用保険料は、毎年6月1日から7月10日までの間に、労働者災害補償保険の保険料（労災保険料）とあわせて、所轄の労働基準監督署などに納付します。

　なお、労働保険（雇用保険と労働者災害補償保険）の場合、会社は、前年度の保険料を精算するための確定保険料の申告・納付と新年度の概算保険料を納付するための申告・納付の手続きを同時に行ないます。この手続きを「労働保険の年度更新」といいます。

　社会保険・労働保険に関して、会社は、保険料を徴収・納付するだけではなく、必要に応じて保険給付の手続きのサポートも行ないます。例えば、従業員が業務外の病気により会社を休むことになった場合、人事担当者は、健康保険から支給される保険給付（傷病手当金）の支給申請書を本人に渡すなどの手続きを行ないます。

4 退職時の手続き

　退職とは、「労働契約の終了」を意味します。退職をもって会社と従

■**図表1-8　雇用期間中に人事担当者が行なう主な手続き**

手続き	関係書類	一般的な処理
労働条件の決定、就業規則の運用	就業規則など	労働条件を決定して、就業規則を作成・改定する。 就業規則が守られているかどうかをチェックする。
人事制度の決定・運用（従業員の処遇の決定）	人事制度に関する規程、人事評価シートなど	従業員の等級や役職を決定し、能力発揮度合いや成果などを評価する。 評価結果などに基づいて、各従業員の報酬を決定する。
配属（配置）、異動（配置転換、転勤）	辞令など	各部門の人員の過不足状況や本人希望などを考慮して、配属・異動を決定。関係部署と本人に通知。 必要に応じて転勤者のサポートを行なう。
給与計算	出勤簿、タイムカード、給与明細、賃金台帳など	月々の労働日、労働時間を計算して、給与を支給する。 各従業員に給与明細を交付して、賃金台帳を作成する。
	（源泉所得税）納付書、扶養控除申告書、源泉徴収票、法定調書など	月々の給与から源泉所得税などを控除して、税務署に納付する（源泉徴収）。 1年間に納付した源泉所得税と納付するべき所得税との差額を調整し、本人および税務署に通知する（年末調整）。
	報酬月額算定基礎届、社会保険料の納入告知書（納付書）、労働保険料申告書・納付書など	各従業員の標準報酬を決定し、それに基づき、給与や賞与から健康保険料、厚生年金保険料などを徴収し、年金事務所などに納付する。 各従業員の給与、賞与から雇用保険料を徴収して、労災保険料とあわせて、労基署等に納付する。
社会保険などの保険給付	保険給付の支給申請書など	従業員に申請書などを渡し、必要事項を記入させて、会社から関係機関に提出する。

■図表1-9　雇用保険離職証明書

様式第5号

雇用保険被保険者離職証明書（安定所提出用）

① 被保険者番号	1111-123456-2	③ フリガナ	ジツギョウ　タロウ	④ 離職年月日	平成 30 12 31
② 事業所番号	2222-987654-9	離職者氏名	実業　太郎		

⑤	名称	×××商事株式会社	⑥ 離職者の住所又は居所	〒231-4567
事業所所在地		東京都千代田区××町1-1		横浜市中区××町9-9
電話番号		03-xxxx-xxxx		電話番号（ 045 ）123-4567

この証明書の記載は、事実に相違ないことを証明します。

事業主　住所　東京都千代田区××町1-1
　　　　×× 商事株式会社
　　　　氏名　代表取締役　山田　次郎　（商事㊞）

※離職票交付　平成　　年　　月　　日
（交付番号　　　　　　　番）

離職票交付
受領印

離職の日以前の賃金支払状況等

⑧ 被保険者期間算定対象期間		⑨ ⑧の期間における賃金支払基礎日数	⑩ 賃金支払対象期間	⑪ ⑩の基礎日数	⑫ 賃金額			⑬ 備考
④ 一般被保険者等 離職日の翌日　月　日	⑧ 短期雇用特例被保険者				Ⓐ	Ⓑ	計	
12月 1日～離職日	離職月	31日	12月21日～離職日	11日	95,000			
11月 1日～11月30日	月	30日	11月21日～12月20日	30日	200,000			
10月 1日～10月31日	月	31日	10月21日～11月20日	31日	200,000			
9月 1日～ 9月30日	月	30日	9月21日～10月20日	30日	200,000			
8月 1日～ 8月31日	月	31日	8月21日～ 9月20日	31日	200,000			
7月 1日～ 7月31日	月	31日	7月21日～ 8月20日	31日	200,000			
6月 1日～ 6月30日	月	30日	6月21日～ 7月20日	30日	200,000			
月　日～　月　日	月	日	月　日～　月　日	日				
月　日～　月　日	月	日	月　日～　月　日	日				
月　日～　月　日	月	日	月　日～　月　日	日				
月　日～　月　日	月	日	月　日～　月　日	日				
月　日～　月　日	月	日	月　日～　月　日	日				

⑭ 賃金に関する特記事項	⑦この証明書の記載内容（⑦欄を除く）は相違ないと認めます。 （記名押印又は自筆による署名）　（離職者 氏名）　㊞

※公共職業安定所記載欄

⑮欄の記載　　有・無
⑯欄の記載　　有・無
資・聴

本手続きは電子申請による申請も可能です。本手続きについて、電子申請により行う場合には、被保険者が離職証明書の内容について確認したことを証明することができるものを本離職証明書の提出と併せて送信することをもって、当該被保険者の電子署名に代えることができます。
また、本手続きについて、社会保険労務士が電子申請による本届書の提出に関する手続を事業主に代わって行う場合には、当該社会保険労務士が当該事業主の提出代行者であることを証明することができるものを本届書の提出と併せて送信することをもって、当該事業主の電子署名に代えることができます。

社会保険労務士記載欄	作成年月日・提出代行者・事務代理者の表示	氏　名	電話番号	※	所長	次長	課長	係長	係
		㊞							

⑦離職理由欄…事業主の方は、離職者の主たる離職理由が該当する理由を１つ選択し、左の事業主記入欄の□の中に○印を記入の上、下の具体的事情記載欄に具体的事情を記載してください。

【離職理由は所定給付日数・給付制限の有無に影響を与える場合があり、適正に記載してください。】

事業主記入欄	離　　職　　理　　由	※離職区分
□ ………	1　事業所の倒産等によるもの （1）倒産手続開始、手形取引停止による離職	1 A
□ ………	（2）事業所の廃止又は事業活動停止後事業再開の見込みがないため離職	1 B
□ ………	2　定年によるもの 定年による離職（定年　　歳） 　　定年後の継続雇用 { を希望していた（以下のaからcまでのいずれかを１つ選択してください） 　　　　　　　　　　 { を希望していなかった 　　　a　就業規則に定める解雇事由又は退職事由（年齢に係るものを除く。以下同じ。）に該当したため 　　　　（解雇事由又は退職事由と同一の事由として就業規則又は労使協定に定める「継続雇用しないことができる事由」に該当して離職した場合も含む。） 　　　b　平成25年3月31日以前に労使協定により定めた継続雇用制度の対象となる高年齢者に係る基準に該当しなかったため 　　　c　その他（具体的理由：　　　　　　　　　　　　　　　　　　　　　　　　　　）	2 A 2 B 2 C
□ ………	3　労働契約期間満了等によるもの （1）採用又は定年後の再雇用時等にあらかじめ定められた雇用期限到来による離職	2 D
□ ………	（2）労働契約期間満了による離職 　　①　下記②以外の労働者 　　　（１回の契約期間　　箇月、通算契約期間　　箇月、契約更新回数　　回） 　　　（契約を更新又は延長することの確約・合意の　有・無　（更新又は延長しない旨の明示の　有・無　）） 　　　（直前の契約更新時に雇止め通知の　有　・　無　） 　　　　　　　　　　　　　　　　 { を希望する旨の申出があった 　　　労働者から契約の更新又は延長 { を希望しない旨の申出があった 　　　　　　　　　　　　　　　　 { の希望に関する申出はなかった	2 E 3 A 3 B
	②　一般労働者派遣事業に雇用される派遣労働者のうち常時雇用される労働者以外の者 　　（１回の契約期間　　箇月、通算契約期間　　箇月、契約更新回数　　回） 　　（契約を更新又は延長することの確約・合意の　有・無　（更新又は延長しない旨の明示の　有・無　）） 　　　　　　　　　　　　　　　　 { を希望する旨の申出があった 　　労働者から契約の更新又は延長 { を希望しない旨の申出があった 　　　　　　　　　　　　　　　　 { の希望に関する申出はなかった	3 C 3 D 4 D
	a　労働者が適用基準に該当する就業の指示を拒否したことによる場合 b　事業主が適用基準に該当する派遣就業の指示を行わなかったことによる場合（指示した派遣就業が取りやめになったことによる場合を含む。） （aに該当する場合は、更に下記の5のうち、該当する主たる離職理由を更に１つ選択し、○印を記入してください。該当するものがない場合は下記の6に○印を記入した上、具体的な理由を記載してください。）	5 E
□ ………	（3）早期退職優遇制度、選択定年制度等により離職	
□ ………	（4）移籍出向	
□ ………	4　事業主からの働きかけによるもの （1）解雇（重責解雇を除く。）	
□ ………	（2）重責解雇（労働者の責めに帰すべき重大な理由による解雇）	
□ ………	（3）希望退職の募集又は退職勧奨 　　①　事業の縮小又は一部休止に伴う人員整理を行うためのもの	
□ ………	②　その他（理由を具体的に　　　　　　　　　　　　　　　　　　　）	
□ ………	5　労働者の判断によるもの （1）職場における事情による離職 　　①　労働条件に係る重大な問題（賃金低下、賃金遅配、過度な時間外労働、採用条件との相違等）があったと労働者が判断したため	
□ ………	②　就業環境に係る重大な問題（故意の排斥、嫌がらせ等）があったと労働者が判断したため	
□ ………	③　事業所での大規模な人員整理があったことを考慮した離職	
□ ………	④　職種転換等に適応することが困難であったため（教育訓練の　有・無　）	
□ ………	⑤　事業所移転により通勤困難となった（なる）ため（旧（新）所在地：　　　　　）	
□ ………	⑥　その他（理由を具体的に　　　　　　　　　　　　　　　　　　　）	
◎ ………	（2）労働者の個人的な事情による離職（一身上の都合、転職希望等）	
□ ……… 6	その他（1－5のいずれにも該当しない場合） 　（理由を具体的に　　　　　　　　　　　　　　　　　　　　　　）	

具体的事情記載欄（事業主用）　　　自己都合による退職

⑱離職者本人の判断（○で囲むこと）
事業主が○を付けた離職理由に異議　　有り（無し）
記名押印又は自筆による署名（離職者氏名）　実業　太郎　（実業）

業員とは無関係になってしまうわけですから、それまでに、会社が支払うべき報酬や従業員から徴収、回収するべき金品などを清算できるようにすることが必要です。

　退職にあたっては、まず、職場・人事担当者と従業員との間で退職日や退職理由を明らかにします。
　退職日が一日違うだけで、最後に支払う給与や本人から回収する社会保険料の金額が変わってきたり、退職理由の違いにより退職金の支給額などが変わってきたりするので、これらについては、従業員との間で、しっかりと確認しておかなければなりません。

　従業員から退職を申し出る「自己都合退職」の場合、一般的には従業員から退職願が提出されるので、それに基づいて退職日を明確にします。会社都合退職、あるいは解雇の場合、人事担当者は、退職日や退職理由を明記した「退職（解雇）通知書」を手渡して、本人の確認を取るようにします。なお従業員が、退職（解雇）に際して、退職（解雇）の理由などを記載した証明書を請求した場合、会社は、遅滞なくこれを交付しなければなりません（労働基準法第22条）。

　退職日が決まったら、最後に支払う給与の計算や退職金の計算を行ないます。社会保険料など労働者から徴収しなければならない金銭がある場合は、最後の給与などからきちんと控除できるように準備します。
　退職時の給与計算が終了したら、その年の報酬総額や納付した源泉所得税額を記載した「源泉徴収票」を発行し、退職者に渡します。退職者は、それを次の就職先に提出して、その年の年末調整を行ないます。

　退職にあたり、人事担当者は、その従業員の社会保険や雇用保険の被保険者資格を外さなければなりません。この手続きを「被保険者資格の喪失」といいます。

■図表1-10　退職時に人事担当者が行なう主な手続き

手続き	関係書類	一般的な処理
労働契約の解約	退職願／退職通知書	自己都合の場合は、退職者から「退職願」を提出させる。契約期間満了による雇止めや会社都合退職等の場合は、会社が「退職通知書」を発行して、従業員に手渡す。
	退職証明書／解雇証明書	退職（解雇）に際し、従業員から請求があった場合は、退職（解雇）理由などを記載した証明書を交付する。
社会保険の被保険者資格の喪失	健康保険・厚生年金保険被保険者資格喪失届	年金事務所等に提出。なお、退職までに「健康保険被保険者証」を従業員から回収し、健康保険組合等に返却する（保険証を回収できない場合は、理由を書いた書面などを提出する）。
	雇用保険被保険者資格喪失届／離職証明書	ハローワークに提出。なお、離職証明書には、従業員が署名、押印する欄があるので、退職日（最終出勤日）までには作成することが必要。
貸与品の回収	パソコン、社員証、セキュリティカード、その他、会社からの貸与品	情報が漏えいしたり、社員証などを悪用されたりすることがないよう、確実に回収すること。

　健康保険・厚生年金保険については、被保険者資格喪失届を年金事務所等へ提出します。なお健康保険の資格喪失にあたっては、本人および被扶養者分の健康保険被保険者証を健康保険組合などに返却しなければなりませんので、退職者から回収します。

　雇用保険については、「雇用保険被保険者資格喪失届」と「離職証明書」（【図表1-9】）を作成して、ハローワークに提出します。ただし、本人が「離職票」（雇用保険の給付を受ける際に必要となる書類）の交付を希望しない場合、離職証明書については提出する必要はありません。

これ以外にも、会社が貸与していたパソコン、社員証、ユニフォームなども退職者から回収します。近年、退職者が顧客や技術に関する重要情報を持ち去り、転職先で使用して、元の会社にダメージを与えるケースも出てきています。このようなことが発生しないよう、退職者からは、備品や情報をしっかりと回収することが必要です。

　なお、人事担当者は、退職者から「退職後の社会保険の加入は、どうすればいいのか？」という質問を受けることがあります。こういうときにも適切なアドバイスができるように、基本的な取り扱いを勉強しておきましょう。

①退職後の医療保険（次のいずれかを退職者自身が選択する）

- ・現在の健康保険の任意継続被保険者になる。退職後２年間に限り認められる。保険料全額が自己負担になることに注意すること。
- ・家族が健康保険に加入していれば、その被扶養者になる。
- ・国民健康保険に加入する（自分で市区町村の窓口で手続きをする）。

②退職後の公的年金

- ・20歳以上60歳未満であれば、原則として、国民年金に加入する（自分で市区町村の窓口で手続きをする）。なお、扶養している配偶者についても、国民年金第１号被保険者に変更する手続きが必要。
- ・配偶者の扶養に入り、国民年金の第３号被保険者となる。配偶者が勤務先に届け出をすることが必要。

1-4 就業規則を知る

会社には、働き方のルールを定めた「就業規則」があり、人事担当者は、それに基づいて、職場の労務管理を行ないます。したがって、人事担当者は、就業規則の内容を理解して、それを従業員に正しく説明できるようにしておくことが必要です。

ここでは、就業規則を理解するための基礎知識について解説します。

 ## 1 就業規則の記載事項

多くの会社は、従業員に秩序を守って働いてもらうために、働き方に関する基本的なルールを定めた「就業規則」を作成し、それを運用しています。

労働基準法第89条では、就業規則に記載する事項について、次のように定めています。したがってほとんどの会社は、この記載事項に沿って就業規則を作成しています。

> 常時10人以上の労働者を使用する使用者は、次に掲げる事項について就業規則を作成し、行政官庁に届け出なければならない。次に掲げる事項を変更した場合においても、同様とする。
> 1　始業及び終業の時刻、休憩時間、休日、休暇並びに労働者を二組以上に分けて交替に就業させる場合においては就業時転換に関する事項
> 2　賃金（臨時の賃金等を除く。以下この号において同じ。）の決定、計算及び支払の方法、賃金の締切り及び支払の時期並びに昇給に関する事項

3 　退職に関する事項（解雇の事由を含む。）
3の2　退職手当の定めをする場合においては、適用される労働者の範囲、退職手当の決定、計算及び支払の方法並びに退職手当の支払の時期に関する事項
4 　臨時の賃金等（退職手当を除く。）及び最低賃金額の定めをする場合においては、これに関する事項
5 　労働者に食費、作業用品その他の負担をさせる定めをする場合においては、これに関する事項
6 　安全及び衛生に関する定めをする場合においては、これに関する事項
7 　職業訓練に関する定めをする場合においては、これに関する事項
8 　災害補償及び業務外の傷病扶助に関する定めをする場合においては、これに関する事項
9 　表彰及び制裁の定めをする場合においては、その種類及び程度に関する事項
10　前各号に掲げるもののほか、当該事業場の労働者のすべてに適用される定めをする場合においては、これに関する事項

　これらの事項のうち、1～3は、就業規則に必ず記載しなければならないので「絶対的必要記載事項」と呼ばれます。一方、3の2、4～10は、定めをした場合に限り記載が必要になるので、「相対的必要記載事項」と呼ばれます。

 2 就業規則の種類

　会社によっては、賃金や退職金に関することは、就業規則に細かく記載せずに、「賃金規程」や「退職金規程」のような別の規則としていることもあります。この場合は、これらの別規則も含めて、その会社の「就

■図表1-11　労働法令と労働協約・労使協定、就業規則、労働契約

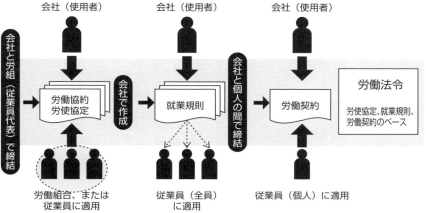

業規則」となります。

　また、パートタイム労働者などについては、正社員とは別に「パートタイム労働者就業規則」などの専用の規則を作成することもあります。一般的に、正社員とパートタイム労働者との間では労働時間や退職などの労働条件が異なっているため、別々に就業規則を作成するようにしているのです。

　この場合、正社員以外に適用される就業規則をすべて含めた全体で、その会社の就業規則となります。

③ 就業規則と労働法令との関係

　就業規則は、その会社の従業員に適用される労働条件や働き方について、会社（使用者）側で定めたルールです。ただし、就業規則で定める労働条件などは、会社側が自由に決められるわけではありません。

　就業規則で定める労働条件は、労働基準法などの法令で定められた基準を下回るものであってはなりません。

労働組合との間で労働協約（会社と労働組合との間で定めた、労働条件や労働組合活動などに関する約束事）を締結している会社は、労働協約の内容に反する就業規則を定めることもできません。

　また労使協定とは、会社と労働組合または従業員の過半数を代表する者（従業員代表）との間で、働き方や労働条件などに関する具体的な取り扱いを定めたものです。法令では原則的なルールしか定めることができないため、働き方などの具体的なことは、会社側と従業員側で話し合って決定することになっています。例えば、従業員に時間外労働や休日労働をさせるとき、あるいはフレックスタイム制を導入するときなどには、労使協定を締結することが法律で義務付けられています。

　なお会社は、従業員一人ひとりと締結する労働契約については、原則として、労働協約や就業規則で定める基準に達しない労働条件を定める部分は無効とされます（労働基準法第92条、労働基準法第13条、労働契約法第12条）。

　人事担当者は、労働協約・労使協定、就業規則、労働契約の位置付けを理解して、それぞれをしっかりと運用できるようにしておくことが必要です。

4　就業規則の内容（会社が実施すること／従業員が守るべきこと）

　就業規則の内容は、「会社（使用者）が実施すること」と「従業員が守るべきこと」の2つに分けられます（【図表1-12】）。

　「会社が実施すること」とは、労働時間、休日、休暇、賃金などに関するルールとして、会社が従業員に対して労働条件や取り扱いを提示している条文です。

　就業規則において「会社が実施すること」として定められている条文の多くは、労働基準法などの法令を根拠としています。例えば、労働基

第1章 仕事の流れと業務内容を理解しよう

■図表1-12 就業規則の内容

会社が実施すること	従業員が守るべきこと

就業規則の条文の例

就業規則第●●条
1. 所定労働時間は、1週間については37.5時間、1日については7.5時間とする。
2. 1日の始業、終業時刻及び休憩時間を次のように定める。
   始業時刻　9:00　終業時刻　17:30
   休憩時間　12:00～13:00（1時間）

就業規則第××条
　従業員は、職務上の責任を自覚し、誠実に職務を遂行するとともに、会社の指示命令に従い、職場の秩序の維持に努めなければならない。

根拠法令など

労働基準法第32条
　使用者は、労働者に、休憩時間を除き1週間について40時間を超えて、労働させてはならない。
2. 使用者は、1週間の各日については、労働者に、休憩時間を除き1日について8時間を超えて、労働させてはならない。

根拠法令はない
（使用者が独自に定める）

準法第32条第2項で「使用者は、1週間の各日については、労働者に、休憩時間を除き1日について8時間を超えて、労働させてはならない」と定められているので、会社は、就業規則において、1日の労働時間が8時間を超えないように、始業・終業時刻および休憩時間を定めます。

したがって、これらの条文に関する規則違反は、基本的に、会社が犯すものです。

会社が就業規則違反を犯している場合、従業員はそれを指摘して、会社に規則違反を改めさせることができますし、その規則違反が法令に違反するものであった場合には、労働基準監督署などに申告することができます。

一方、「従業員が守るべきこと」は、服務規律など、会社が従業員に対して、働く上での約束事やルールを示している条文です。例えば、「会社の指示命令に従い、職場の秩序の維持に努める」という条文などが、これに該当します。

この条文に関する規則違反は、基本的には従業員が犯すものです。これらの規則には、（ハラスメント防止などの場合を除いて）根拠となる法令はありませんから、違反をしても法令違反を犯すことにはなりません。しかし、社内のルールを守らなかったわけですから、会社から制裁処分が科されることがあります。

5 押さえておくべき就業規則の項目

就業規則は、労働時間や賃金等の労働条件から、服務規律のような働く上でのルールまで、幅広い内容について書いてあるため、そのすべてを覚えるのは、とても困難です。

ですから、人事担当者は、就業規則の条文の中で重要な項目（【図表1-13】を参照）をしっかりと記憶しておいて、あとは「どこに何が書いてあるか」をつかんでおけばいいでしょう。

なお、人事担当者は、日常業務を遂行する中で、就業規則について、従業員から質問を受けたこと、条文の解釈を巡って問題になったことなどをメモしておくようにしましょう。

こうすることによって、就業規則の重要事項を効率的に覚えることができると同時に、就業規則に記載してある労働条件やルールの中で見直すべき点を明確にできます。

6 就業規則の作成と周知

就業規則は、会社（実務的には人事部門）が作成し、また、必要に応じて改定が行なわれます。

会社は、就業規則を作成したり、改定したりした場合、従業員の過半数で組織する労働組合がある場合は労働組合、それがない場合は従業員の過半数を代表する者（従業員代表）の意見を聴き、そこでの意見をまとめた書面（意見書）を添付して、労働基準監督署に届け出なければな

■**図表1-13** 押さえておくべき就業規則の項目と根拠・関係法令

押さえておくべき項目	根拠・関連法令
試用期間	労働基準法第21条第4号 試用期間中で雇入れ後14日以内の者には「解雇予告」の規定は適用されない。
所定労働時間	労働基準法第32条 法定労働時間は、「1週40時間以内、1日8時間以内」。
働き方	労働基準法第32条の2〜4 変形労働時間制、フレックスタイム制などに関するルールが定められている。
所定休日	労働基準法第35条 法定休日は「1週につき1日以上、または4週を通じて4日以上」。
法定時間外労働、法定休日労働に関する協定	労働基準法第36条 法労働時間を超えて、または法定休日に労働させる場合は労使協定を締結する。
年次有給休暇	労働基準法第39条 入社6カ月後に、10労働日以上の年次有給休暇を付与するなどのルールに従うことが必要。
定年	高年齢者雇用安定法第8条 定年年齢は60歳を下回ることはできない。
賃金の支給日、計算期間	労働基準法第24条第2項 賃金は、毎月一回以上、一定の期日を定めて支払わなければならない。
時間外労働割増賃金の支給対象者	労働基準法第41条第2号 「監督若しくは管理の地位にある者」は、時間外手当、休日労働手当の支給対象から外すことができる。
時間外労働の割増率	労働基準法第37条 時間外は「2割5分以上」、休日労働は「3割5分以上」などの割増賃金を付けることが必要。

りません（労働基準法第90条第1項）。

　労働基準監督署は、届け出があった就業規則の内容をチェックして、法令違反などがあれば、その部分について修正するように指導します。この労働基準監督署への届け出が完了した時点で、その就業規則が完成したことになります。

　なお、会社は、作成、改定された就業規則を、各職場に備え付けたり、社内の情報ネットワークに掲示したりするなどの方法により、従業員に周知させなければなりません（労働基準法第106条）。

1-5 人事制度を理解する

「人事制度」とは、従業員の処遇（仕事や役職を与えて、報酬を支払うこと）に関する仕組み全般を指します。

人事制度は、前項で取り上げた就業規則と異なり、労働法令との関係性は薄いものです。例えば、賃金については、法令では賃金の支払い方法や最低賃金ぐらいしか定められていないため、それら以外のこと（賃金の決定方法や支給額など）は、その会社で自由に決定できます。

一方、人事制度は、その会社の経営者の仕事に対する考え方や、組織風土などと強く関係しています。

例えば、経営者が「仕事はチームで行なうもので、家族主義的な組織風土が望ましい」と考えれば、仕事や報酬に個人差を付けない年功序列を中心とした人事制度が運用されるでしょう。逆に「仕事は個人で行なうもので、信賞必罰を徹底したい」と考える経営者のもとでは、いわゆる成果主義的な人事制度が構築されます。

人事制度は、会社にとっては人材活用の方向性を定めるものであり、従業員にとっては昇進や報酬などを決めるもので、双方にとって重要です。したがって、人事部門に所属している者は、誰であっても、自社の人事制度のことを十分に知っておくことが必要です。

1 人事制度の全体像

人事制度は一般的に、次の3つの制度から構成されています。

①等級制度（または、資格制度、職階制度など）
　能力レベルや職務内容などを基準とした等級（または、資格、職階）を定めて、従業員の社内での位置付けを決める仕組みです。
　これに基づいて、従業員に与える役職や報酬などが決まります。

②評価制度（または、人事考課制度、勤務評定、査定など）
　従業員の職務上の成果や勤務態度などを評価する仕組みです。評価結果により、昇格（等級の上昇）や基本給・賞与の額などが決まります。

③報酬制度
　等級や評価結果に基づいて、従業員の基本給、賞与、退職金などを決める仕組みです。

■図表1-14　人事制度の全体像

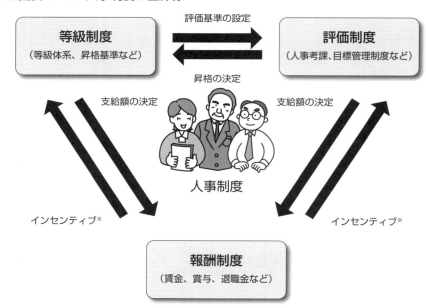

※「インセンティブ」とは、「上位の等級に昇格したい」「よい評価を受けたい」という欲求を生じさせる刺激をいう

等級、評価、報酬の各制度は密接に連携しており、これらの3制度をまとめて、その会社の「人事制度」を構成しています。それぞれの制度について見ていきましょう。

2 等級制度

等級制度（資格制度、職階制度など）とは、能力レベルや職務内容などによって定めた等級に従業員を位置付ける（格付ける）ことによって、従業員の職務内容や報酬を決定する仕組みです。

等級制度には、次の効果を期待することができます。

- 処遇決定の基準を従業員に明示することによって、人事に対する公平性や納得性を高めることができる。
- 従業員に求められる能力発揮や職務内容を明確化することによって、組織運営の効率化を図ることができる。
- 昇格基準（必要な能力発揮や達成するべき成果など）を明示することにより、従業員の自発的なキャリア開発を促すことができる。

等級制度は、等級格付けを行なう基準によって、大きく2つの種類に分けることができます。

1つは、「職務遂行能力」（仕事をする上で必要な能力）を基準として等級格付けを行なう仕組みで、「職能資格制度」（または「能力等級制度」）などと呼ばれます（【図表1-15】）。

もう1つは、「職務内容、あるいは組織における役割」を基準として等級格付けを行なう仕組みで、「職務等級制度」あるいは「役割等級制度」などと呼ばれます。

職能資格制度の場合、例えば「課長」という職務・役割を担わなくても、課長と同等の能力があると会社に認められれば、課長に対応する等級に昇格することができます。

■図表1-15　職能資格制度の例

等級	等級の基準	呼称	役職			職群		昇格基準
7等級	大規模の組織を統括する。または、経営層を補佐する職務を独立して遂行することができる。	参　与		次長	部長	総合職		
6等級	中規模の組織を統括する。または、経営に大きな影響を及ぼす職務を遂行することができる。	参　事	課長					
5等級	小規模の組織を統括する。または、高度な職務を独立して遂行することができる。	副参事						在級5年直近評価A
4等級	下級者を指導しつつ、業務全般を主体的に行なうことができる。	係　長					一般職	在級4年直近評価A
3等級	業務全般を自分の判断で主体的に行なうことができる。	主　任						在級3年直近評価A
2等級	非定型業務を含む業務全般を指示に基づき行なうことができる。							在級3年直近評価B
1等級	定型業務を上級者の具体的な指示を受けながら行なうことができる。							在級2年直近評価B

　一方、職務等級制度や役割等級制度のもとでは、「課長」という職務・役割を実際に担わなければ、課長に対応する等級には昇格できません。

　また、職能資格制度の場合は、例えば組織編制の都合で「課長」という職務を解任された従業員であっても、能力レベルが下がったわけではないのであれば、等級の降格は行なわれません。

　一方、職務等級制度や役割等級制度の場合、「課長」という職務・役割を解任されれば、下位等級に降格することになります。

　日本企業においては、1960年代後半から職能資格制度が広がり始め、現在でも多くの企業がそれを導入していますが、1990年代後半になると、職能資格制度から職務等級制度または役割等級制度に移行する動きが出てきています。

3 評価制度

評価制度(人事考課制度、勤務評定、査定など)とは、従業員一人ひとりについて、仕事における能力発揮や勤務態度、または成果などを評価する仕組みです。

評価制度は、次の目的を持って実施されます。

- 各従業員の能力発揮や成果などをとらえて、その結果を昇降格や報酬の決定などに反映させることにより、公正な処遇を実現する。
- 職務に求められる能力を明確にすること、また評価結果を本人にフィードバックすることにより、従業員の能力開発を図る。
- 各従業員の能力や成果を把握して、配置や異動の参考情報を得る。

評価制度は、評価する対象により【図表1-16】のように分けられます。

■**図表1-16 評価制度の種類**

評価の種類	評価の対象、評価の方法など
成果評価	売上目標の達成度などのように、仕事で上げた成果を評価の対象とします。「目標管理制度」という手法を使って評価が行なわれます。
能力評価	仕事をする中で発揮していた能力(例:専門性、判断力など)を評価の対象とします。
情意評価	仕事の取り組み姿勢や勤務態度(例:積極性、コンプライアンスなど)を評価の対象とします。
コンピテンシー評価	「行動特性評価」ともいわれ、業績に結び付く行動を評価対象とします。高業績者の職務行動を分析して評価基準が作成されます(なお、運用上は、能力評価とほぼ同じものになります)。
バリュー評価	会社の経営理念の実践度などを評価対象とするものです。昇進者を選ぶときの参考情報とされることがあります。

なお、1つの会社で、複数の評価制度を並行して実施している場合もあります。例えば、賞与の支給額を決定するときには「成果評価」の結果を主に用いて、昇降格や基本給昇給額を決定するときには「能力評価」と「情意評価」の結果を重視するというパターンで実施するというようなケースです。

　「成果評価」は、主に「目標管理制度」によって運用されています。目標管理制度とは、従業員一人ひとりが、期初に業務目標を設定し、その達成度合いを期末に評価する一連の仕組みです。
　目標設定や達成度評価を行なうときには、従業員と直属上司との間で面談を必ず行なうことにして、業務と無関係な目標が設定されたり、達成度が不当に高く評価されたりしないようにします。

　評価制度は、会社が従業員に対して期待していることを伝える、重要な仕組みです。
　例えば、新しい取り組みを積極的に行なっている会社では、従業員の挑戦的な姿勢を高く評価し、一方、売上拡大に力を注いでいる会社では、各自の売上高目標の達成度合いの評価を重視することになります。

■**図表1-17　目標管理制度の運用イメージ**

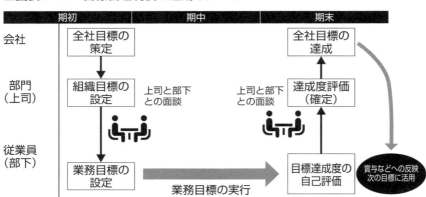

「何を、どのように評価するのか」を決めることによって、会社は、従業員の仕事に対する意識や行動を方向付けることができるのです。

【図表1-18】は、ある会社が使っている「人事評価シート」です。このシートの上半分は目標管理制度によって独自の成果を評価し、下半分は上司が各自の能力や勤務態度を評価するように作られています。

■**図表1-18　人事評価シートの例**

| 人事評価シート | | | 所属 | | | | |
| | | | 等級 | | | 氏名 | |

	目標項目	目標の結果（達成度）	配点	自己評価	1次評価	2次評価
成果評価				5 3 1	5 3 1	5 3 1
				5 3 1	5 3 1	5 3 1
				5 3 1	5 3 1	5 3 1
	成果評価合計		40			

	評価項目	評価内容	配点	自己評価	1次評価	2次評価
能力評価	業務知識	職務遂行に必要な知識を持ち、それを発揮しているか。	10	5 3 1	5 3 1	5 3 1
	企画計画力	職務上の問題を発見し、それを解決していたか。	10	5 3 1	5 3 1	5 3 1
	判断力	正しい判断をタイミングよくしていたか。	10	5 3 1	5 3 1	5 3 1
情意評価	挑戦性	新しいこと、困難なことに取り組もうとしていたか。	10	5 3 1	5 3 1	5 3 1
	責任性	自分の職務を最後までやり遂げようとしていたか。	10	5 3 1	5 3 1	5 3 1
	コンプライアンス	法令や社内の規程を遵守していたか。	10	5 3 1	5 3 1	5 3 1
	能力・情意評価合計		60			

① 「配点×評価÷5」で項目ごとに点数を算出し、それらの合計を評価点とする。
② 2次評価の評価点を最終評価とする。

評価点合計

1次評価	2次評価

所見

どのような評価制度を行なうにせよ、それが公正に行なわれ、本人が評価結果に納得できるようにすることが大切です。公正ではない、または納得性がない評価は、従業員の不満を招くことになり、職場の活力低下や退職者の増加を招いてしまいます。

評価制度が、会社の「期待する従業員像」を正しく反映するよう、また、公正に、かつ納得が得られるように行なわれるよう、人事部門は、必要に応じて、評価項目・基準の見直しや、評価者を集めて評価のレベル合わせを行なう評価者訓練などを実施します。

4 報酬制度

報酬制度は、月例給与（基本給、諸手当）、賞与、退職金・企業年金および福利厚生（社宅・寮、保養施設等、会社がコストを負担し、従業員に与えるもの）など、労働の対償として、または従業員の生活保障のために、会社から従業員に支払うものをいいます。

報酬は、会社にとっては経営に大きな影響を及ぼすコスト負担であり、一方、従業員にとっては生活を維持するための主要な収入源となります。会社、従業員双方にとって最も重要なことですから、人事担当者は、自社の報酬制度を理解して、正しく運用していくことが必要です。

ここでは、月例給与、賞与、退職金・企業年金、福利厚生の4つに分けて、報酬制度を説明します。

①月例給与

月々支給する給与を「月例給与」といいます。

月例給与は、「基本給（本給、本俸）」と「手当」の2つに分けられ、さらに手当は「職務や家族構成などに応じて支給される手当（役職手当、家族手当など）」と「時間外労働や休日労働に対して支給される手当」に分けられます。

「基本給」と「職務や家族構成などに応じて支給される手当」が、月々

固定的に支給される報酬で、これを「所定内給与（所定労働時間勤務した場合に通常支払われる給与）」といいます。

これに対して、「時間外労働や休日労働に対して支給される手当」は、「所定外給与」と呼ばれ、時間外労働や休日労働の時間数によって、各月の支給額が変動します。

なお、時間外労働や休日労働に対する手当は、労働基準法により支払いが義務付けられている賃金（時間外、休日の割増賃金）となります。

役職手当や家族手当などは、それぞれの会社が支給の有無、支給額を決定することができますが、時間外労働や休日労働に対する手当は、すべての会社で支給が義務付けられ、その支給額は、法的な基準（家族手当や住宅手当などを除いた所定内給与の1時間分の金額の25％以上）に従って決められなければなりません。

■図表1-19　給与体系

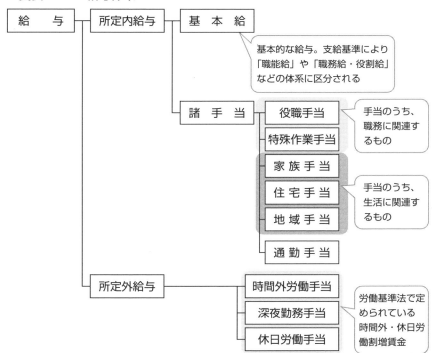

基本給のうち、職務遂行能力に応じて支給額を決定する体系を「職能給（能力給）」、仕事の種類や責任の重さを示す職務に応じて支給額を決定する体系を「職務給」、（職務を大くくりにした）役割に応じて支給額を決定する体系を「役割給」といいます。一方、従業員の年齢や勤続年数に応じて支給額を決定する体系を「年功賃金」といいます。

　日本においては、かつては「年功賃金」が主流でしたが、1970年頃から従業員の能力差を報酬に反映するべきという考え方が強まる中で「職能給」が広がりはじめ、さらに1990年代後半から職務給や役割給が導入されるようになってきました。最近では、「年功賃金」は少なくなり、ほとんどの企業において、職能給または職務給、役割給が運用されています。

　多くの会社は、毎年１回、従業員の基本給の改定を行ないます。これを「給与改定」、または「賃上げ（昇給）」といいます。

　なお、昇給のうち、各従業員の勤続年数（年齢）が１つ上昇したことにより自動的に行なわれる昇給を「定期昇給（賃金カーブ維持分の昇給）」といい、物価上昇などに対応するため従業員全員の給与を引き上げることを「ベースアップ（ベア）」といいます。

　日本企業の昇給率（平均）は、2002〜2013年は1.6％〜2.0％で推移してきましたが、2014年以降は、物価上昇（消費税率引き上げ）と好調な企業業績の影響を受けて、多くの会社でベースアップが行なわれ、昇給率は2.1〜2.4％で推移しています（出所：厚生労働省「民間主要企業春季賃上げ要求・妥結状況」）。

　基本給の体系によって、年齢・勤続年数に伴う給与の上がり方が異なってきます（【図表１-20】）。

　一般的な傾向としては、従業員にとっての安心感を重視する会社は、毎年、安定的に給与が上昇する年功賃金や職能給を採用し、各従業員の給与を職務や役割に応じて増減させることにより人件費をコントロール

■図表1-20　体系別に見た基本給の上がり方のイメージ

●年功賃金
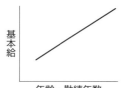
●基本給が下がらないので、従業員にとっては安心感がある。
●能力や職務による基本給の差がない。
●人件費の増加を招きやすい。

●職能給・能力給
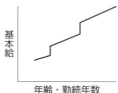
●能力が低下しない限り、基本給は下がらないので、従業員にとっては安心感がある。
●能力に応じて給与の差が生じる。
●人件費の増加を招きやすい。

●職務給・役割給
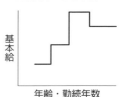
●職務・役割に応じて基本給が増減するため、従業員にとっては不安定な体系となる。
●職務・役割に応じて大きな給与差が生じる。
●職務・役割の数・大きさに応じて、人件費が決まる。

したい会社は、職務（役割）給を採用します。

　職務や家族構成などに応じて支給される手当（役職手当、家族手当、住宅手当など）は、あらかじめ定められた要件を満たす従業員に一定額を支給する給与です。この手当の支給基準や支給額などは、会社が独自に定めることができます。
　例えば、責任が重い仕事に従事する従業員を厚遇したい会社であれば職務関連手当の支給額を、一方、従業員の生活の安定を重視する会社であれば生活関連手当の支給額を、それぞれ多めに設定します。
　厚生労働省「就労条件総合調査」（2015年）によれば、所定内給与に占める手当の割合は13.6％となっていますが、近年は、手当を廃止して、基本給だけで給与を決定する企業も増えてきています。

②**賞与**
　月例給与とは別に、会社の業績に応じて、半年または1年ごとに支給する報酬を「賞与（ボーナス、一時金）」といいます。
　多くの会社は、慣行的に、年2回の賞与（6月または7月に支給する

夏季賞与と12月に支給する年末賞与）を支給しています。また、会社の業績が好調なときには、年度末に「決算賞与（特別賞与)」を支給することもあります。

　賞与の支給実績は、金額以外にも、「月例給与の何カ月に相当するか」という月数で表示されることもあります。年間賞与の支給月数は、企業業績や業種よりバラつきがあるものの、平均すると月例給与の4～6カ月分となっています（出所：厚生労働省「賃金引上げ等の実態に関する調査」)。したがって、年収の4分の1から3分の1程度が賞与として支給されているということになります。

　賞与は、企業業績に応じて支給額・月数が決定されるため、企業による格差が大きくなり、また、同一の企業でも年度により支給額が大きく変動します（売上高や利益などの企業業績に基づいて、一定のルールに基づいて賞与支給額などを決める仕組みを「業績連動型賞与」といいます)。また、各従業員に支給する賞与も、評価に応じて支給額に大きな差を付ける（例えば、業務目標を達成した従業員には多額の賞与を支給する）ことが、多くの会社で行なわれています。

　近年では、ストックオプション（会社が従業員などに対して、あらかじめ定められた価額で自社株式を購入することができる権利を付与する仕組み）のように、株式を利用した報酬制度を導入する企業が増えてきました。これらは、金銭を支給する賞与とは異なりますが、会社の業績が向上して株価が上昇すれば、対象者は、株式を購入・売却する権利を行使することによって、多額の報酬を得ることができます。

　今後、株式を利用した報酬制度は、大企業の役員・管理職やベンチャー企業の従業員を中心に、一層広まっていくものと考えられます。

③退職金・企業年金

　退職金は、従業員が退職するときに支給する報酬です。

　多くの日本企業は、一定期間勤務してくれた退職者の労をねぎらうた

めに、また、定年退職者については、老後の生活保障の一部としてもらうために、退職金制度を持っています。

退職金の金額（大学卒で入社した従業員が定年退職する場合の支給額）は、中小企業で約1,400万円、大企業では約2,400万円です（出所：厚生労働省「平成25年　就労条件総合調査」）。ただし、退職金の支給額は、会社により大きな開きがあり、例えば、大企業でも、「報酬は在職中に支給するべき」という考え方に基づき、退職金を支給していない会社もあります。

一方、「企業年金」とは、従業員（退職者）が、高齢になったとき（一般的には65歳に達したとき）に、国が支給する老齢年金とは別に、会社として年金を支給する仕組みです。

日本企業の企業年金のほとんどが、退職金制度を基盤として作られています。会社としては、退職金として必要になる資金は、従業員の在職中から少しずつ積み立てておきたいというニーズが、一方、退職者としては、退職時に一括して多額の退職金をもらうより退職後の生活費として毎月分割して支給してもらいたいというニーズが、それぞれにあります。このような会社と従業員双方のニーズに応えるため、会社が金融機関と契約を結び、退職金制度を年金として運用できるように仕組みを整備したものが企業年金です。

企業年金の仕組みは、大きく分けると、「確定給付企業年金」と「確定拠出年金（企業型）」の2種類があります（【図表1-21】）。

確定給付企業年金は、まず、年金の給付額（支給額）を決めて、その給付を行なうために会社が支払うべき掛け金を決めます。

一方、確定拠出年金は、まず、会社が従業員一人ひとりに対し支払う掛け金を決めて、従業員が自分でそれを運用して（例えば、株式や債券などに投資して）、退職時までに積みあがった資金を年金として受け取ります。なお、確定拠出年金は、この制度のベースになったアメリカの

■図表1-21 企業年金の仕組みのイメージ

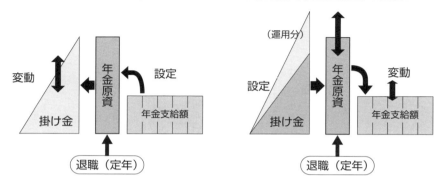

内国歳入法の条項名をとって「401k」と呼ばれることもあります。

低金利や株価低迷等により年金の積立金が増えない状況が続いた場合、確定給付企業年金は、会社側に積立金不足を穴埋めするための追加拠出が求められるリスクがあり、一方、確定拠出年金は、資金運用がうまくいかなかった従業員の年金が少なくなってしまうリスクがあります。

近年の傾向としては、「定年退職後の生活資金の準備は、従業員が自己責任で行なうべきだ」という声が強くなり、退職金制度を廃止したり、確定拠出年金に置き換えたりする動きが出てきています。

④福利厚生

福利厚生とは、「会社が従業員に与える給与以外の便益」を指し、具体的には、次のものが挙げられます。

1) 住宅関連（社宅・独身寮、持ち家援助施策など）
2) 健康・医療関連（法定以外の健康診断、メンタルヘルスケアなど）
3) 育児・介護支援関連（託児施設、育児補助など）
4) 慶弔・災害関連（慶弔・災害見舞金、遺族年金、遺児年金など）
5) 文化・体育・レクリエーション関連（余暇施設など）

6） 財産形成関連（財形貯蓄制度、持株会など）

7） その他（社員食堂など）

　福利厚生は、その恩恵を受ける従業員と受けない従業員との間で不公平感が生じてしまいます。ですから、近年は、社宅や独身寮などの保有をやめて、賃貸住宅に住んでいる従業員全員に家賃補助（住宅手当）を支給するなどの施策に切り替える会社が増えています。一方で、ワークライフバランスに対する関心が高まる中で、健康管理や育児・介護支援に関連した施策の拡充を求める従業員が増えてきています。

　人事担当者としては、限られた人件費の中で、多くの従業員の満足感を得るためには、どのような福利厚生施策を行なったらいいのか、しっかりと考えていかなければなりません。

1-6 給与計算をマスターする

　給与計算は、人事の仕事の中で最も基本的な業務といえるでしょう。

　近年、給与計算を、システムで自動処理していたり、社会保険労務士などに業務委託していたりする会社も多く、こうした会社の人事担当者の中には「給与計算ができなくても大丈夫」と思っている人がいるかもしれません。

　しかし、給与計算は、労働時間の計算、手当の支給、源泉所得税や社会保険料の仕組みの理解など、さまざまな知識・ノウハウが組み込まれている業務であり、それができない人事担当者は、まだ「一人前」とはいえません。

　また、経営者や人事部門以外の者からすれば、人事担当者全員が給与計算を当然にできるものと思っています。ですから、給与明細に関する問い合わせをしたときに明確に答えられない人事担当者は、その時点で社内の人からの信用を失ってしまいます。

　人事に配属されたら、採用や研修を担当する人でも、あるいは管理職として異動してきた人であっても、まずは給与計算ができるようになることが必要です。ここでは、一般的な給与計算の方法、および業務の流れについて説明します。

1 給与明細の構造

　会社は、給与や賞与を支給するときには、必要事項を記載した支払い明細書を対象者に交付することが義務付けられています（所得税法第231条）。給与明細は、次の3つの部分で構成されています。

①**勤怠**：給与計算期間中の労働日数、欠勤日数、時間外労働時間数など
　　　　が表示されます。
②**支給**：基本給、手当などの項目ごとに支給額が表示されます。
③**控除**：社会保険料や源泉所得税、個人住民税などが表示されます。

　「①勤怠」に基づいて、その月の給与の総支給額が「②支給」で計算
され、その額から「③控除」を除いた差し引き支給額が、従業員に実際
に支払われる金額（いわゆる「手取り額」）になります。
　月々の給与の「手取り額」は、時間外労働時間数が多いか、少ないか
によって変動します。また、基本給の昇給や手当の改廃があったときに
は「支給」の金額が、社会保険料や税率の改定が実施されたときには「控
除」の金額が、それぞれ変動して、手取り額も大きく変わります。

■**図表1-22　給与明細の例**

xxxx年x月分			給料明細書				
部門名	人事	社員No.	1	氏名	実業　太郎		殿

勤怠	所定労働日数	出勤日数	有給休暇日数	その他休暇日数	休業日数	欠勤日数	
	20	19	1				
	時間外労働	時間外深夜	休日労働	休日深夜	遅刻早退	その他不就業	
	10.00	4.00	4.00	2.00			

支給	基本給	役職手当	等級手当	家族手当	住宅手当	通勤手当	
	270,000	20,000	30,000	15,000	7,000	10,000	
	時間外労働	時間外深夜	休日労働	休日深夜	不就労控除	総支給額	課税対象額
	25,000	12,000	10,800	6,400		406,200	333,953

控除	健康・介護保険	厚生年金保険	雇用保険	社会保険合計
	23,513	37,515	1,219	62,247
	源泉所得税	個人住民税	その他控除	控除計
	6,470	25,000		93,717

差引支給額

312,483

2 勤怠の計算

　勤怠の各欄には、給与計算期間（一般的には１カ月間）の労働日数、有給休暇の取得日数、欠勤、遅刻、早退などの不就業時間数（この時間分の賃金をカットする場合が多い）、および時間外労働や休日労働の時間数などが表示されています。

　時間外労働は、労働基準法上は、１週間について40時間を超えて労働した時間、１日について８時間を超えて労働した時間をカウントします。休日労働は、法定休日（毎週１回の休日、または４週間を通じ４日以上の休日）に労働した場合の時間をカウントします。「時間外深夜」や「休日深夜」は、時間外労働や休日労働のうち、22時から翌５時まで（特定の地域・時期においては23時から翌６時まで）の間に労働した時間をカウントします。

　なお、これらは、あくまでも労働基準法に定められた基準に基づいた時間外労働や休日労働の時間計算であって、会社によっては、これとは異なる方法で時間計算をしている場合（例えば、１日の労働時間を７時間と定めている会社において、７時間を超えて労働した時間をカウントしている場合など）もあります。

　給与明細の「勤怠」に表示される不就業や時間外労働の時間のカウントの方法、および時間外労働や休日労働の賃金の割増率は、就業規則などに記載されています。

　自社の就業規則を見ながら、給与明細の勤怠欄の時間計算の方法、および各欄に表示された労働時間に対する賃金の割増率を確認しておくといいでしょう。

3 支給の計算

支給の各欄には、基本給や手当（役職手当、家族手当、時間外手当など）の支給額が項目ごとに表示されています。

基本給や諸手当の支給基準は会社によって異なりますので、自社の給与規程などを見て、どのような場合にいくら支給されるのかを確認しておきましょう。

時間外労働、休日労働、深夜勤務に対する割増賃金（時間外手当など）は、次の式で算出されます。

> 時間外手当等支給額＝算定基礎額×割増率×時間外労働等の時間数

「算定基礎額」とは、労働時間１時間当たりの賃金（時間単価）で、基本給以外の手当も含まれます（ただし、家族手当、住宅手当、通勤手当など、労働基準法第37条５項および労働基準法施行規則第21条に定められた手当は、算定基礎額の対象とはなりません）。

また、時間外手当などの「割増率」は、時間外労働が25％以上、休日労働が35％以上、深夜勤務が25％以上などと定められており、具体的な数値は、これらの基準を上回る限り、各社で決めることができます（労働基準法第37条、労働基準法第三十七条第一項の時間外及び休日の割増賃金に係る率の最低限度を定める政令）。

人事担当者は、時間外手当などの算定基礎額の算出方法および割増率を給与規程などで確認して、勤怠の欄に表示されている時間外労働の時間数を見れば、手当の支給額が計算できるようにしておきましょう。

基本給と諸手当（時間外手当などを含む）の合計額が、「総支給額」となります。一般的に「月例給与」という言葉は、この総支給額（時間

外手当などを含み、社会保険料や税金を控除する前の金額）を指します。

４ 控除の計算

　控除の各欄には、給与の総支給額から差し引かれる社会保険料や源泉所得税、個人住民税などの金額が表示されています。各項目の算出方法について見ていきましょう。

①健康・介護保険、厚生年金保険
　標準報酬月額（４～６月の３カ月間にその従業員に支払った給与の１カ月あたり平均額を基準に算定した額）に保険料率を乗じた保険料が控除されます。

　健康保険の保険料率は、加入する健康保険組合や協会けんぽ（都道府県）により異なりますが、おおよそ10％で、40歳以上の従業員は、これに介護保険料率（協会けんぽの場合は1.57％）が加算されます。
　ただし、保険料の半分は会社が負担することになっています。したがって、従業員が実際に負担する健康保険と介護保険の保険料率は40歳以上の人で約5.8％です。
　厚生年金保険の保険料率は18.3％です。ただし、厚生年金基金に加入している場合は、基金ごとに定められている免除保険料率（2.4％～5.0％）を控除した保険料率となります。
　なお、厚生年金保険の保険料も会社が半額を負担することになっており、従業員が実際に負担する保険料率は約9.2％です。
　協会けんぽに加入している場合には、報酬月額（４～６月の給与総支給額の平均）を「健康保険・厚生年金保険の保険料額表」（【図表１-23】）に当てはめて保険料を算定します。毎年４～７月に支払われた月例給与の１カ月分の平均額をこの表の「報酬月額」に当てはめて、標準報酬の等級と月額を決定します。

■図表1-23　保険料額表（2018年4月分、東京都・協会けんぽ）

（東京都）　　　　　　　　　　　　　　　　　　　　　　　　　　　　　　　　　　　　　　　（単位：円）

標準報酬 等級	月額	報酬月額 円以上	報酬月額 円未満	全国健康保険協会管掌健康保険料 介護保険第2号被保険者に該当しない場合 9.90% 全額	折半額	介護保険第2号被保険者に該当する場合 11.47% 全額	折半額	厚生年金保険料 一般、坑内員・船員 18.300% 全額	折半額
1	58,000	～	63,000	5,742.0	2,871.0	6,652.6	3,326.3		
2	68,000	63,000 ～	73,000	6,732.0	3,366.0	7,799.6	3,899.8		
3	78,000	73,000 ～	83,000	7,722.0	3,861.0	8,946.6	4,473.3		
4 (1)	88,000	83,000 ～	93,000	8,712.0	4,356.0	10,093.6	5,046.8	16,104.0	8,052.00
5 (2)	98,000	93,000 ～	101,000	9,702.0	4,851.0	11,240.6	5,620.3	17,934.0	8,967.00
6 (3)	104,000	101,000 ～	107,000	10,296.0	5,148.0	11,928.8	5,964.4	19,032.0	9,516.00
7 (4)	110,000	107,000 ～	114,000	10,890.0	5,445.0	12,617.0	6,308.5	20,130.0	10,065.00
8 (5)	118,000	114,000 ～	122,000	11,682.0	5,841.0	13,534.6	6,767.3	21,594.0	10,797.00
9 (6)	126,000	122,000 ～	130,000	12,474.0	6,237.0	14,452.2	7,226.1	23,058.0	11,529.00
10 (7)	134,000	130,000 ～	138,000	13,266.0	6,633.0	15,369.8	7,684.9	24,522.0	12,261.00
11 (8)	142,000	138,000 ～	146,000	14,058.0	7,029.0	16,287.4	8,143.7	25,986.00	12,993.00
12 (9)	150,000	146,000 ～	155,000	14,850.0	7,425.0	17,205.0	8,602.5	27,450.00	13,725.00
13 (10)	160,000	155,000 ～	165,000	15,840.0	7,920.0	18,352.0	9,176.0	29,280.00	14,640.00
14 (11)	170,000	165,000 ～	175,000	16,830.0	8,415.0	19,499.0	9,749.5	31,110.00	15,555.00
15 (12)	180,000	175,000 ～	185,000	17,820.0	8,910.0	20,646.0	10,323.0	32,940.00	16,470.00
16 (13)	190,000	185,000 ～	195,000	18,810.0	9,405.0	21,793.0	10,896.5	34,770.00	17,385.00
17 (14)	200,000	195,000 ～	210,000	19,800.0	9,900.0	22,940.0	11,470.0	36,600.00	18,300.00
18 (15)	220,000	210,000 ～	230,000	21,780.0	10,890.0	25,234.0	12,617.0	40,260.00	20,130.00
19 (16)	240,000	230,000 ～	250,000	23,760.0	11,880.0	27,528.0	13,764.0	43,920.00	21,960.00
20 (17)	260,000	250,000 ～	270,000	25,740.0	12,870.0	29,822.0	14,911.0	47,580.00	23,790.00
21 (18)	280,000	270,000 ～	290,000	27,720.0	13,860.0	32,116.0	16,058.0	51,240.00	25,620.00
22 (19)	300,000	290,000 ～	310,000	29,700.0	14,850.0	34,410.0	17,205.0	54,900.00	27,450.00
23 (20)	320,000	310,000 ～	330,000	31,680.0	15,840.0	36,704.0	18,352.0	58,560.00	29,280.00
24 (21)	340,000	330,000 ～	350,000	33,660.0	16,830.0	38,998.0	19,499.0	62,220.00	31,110.00
25 (22)	360,000	350,000 ～	370,000	35,640.0	17,820.0	41,292.0	20,646.0	65,880.00	32,940.00
26 (23)	380,000	370,000 ～	395,000	37,620.0	18,810.0	43,586.0	21,793.0	69,540.00	34,770.00
27 (24)	410,000	395,000 ～	425,000	40,590.0	20,295.0	47,027.0	23,513.5	75,030.00	37,515.00
28 (25)	440,000	425,000 ～	455,000	43,560.0	21,780.0	50,468.0	25,234.0	80,520.00	40,260.00
29 (26)	470,000	455,000 ～	485,000	46,530.0	23,265.0	53,909.0	26,954.5	86,010.00	43,005.00
30 (27)	500,000	485,000 ～	515,000	49,500.0	24,750.0	57,350.0	28,675.0	91,500.00	45,750.00
31 (28)	530,000	515,000 ～	545,000	52,470.0	26,235.0	60,791.0	30,395.5	96,990.00	48,495.00
32 (29)	560,000	545,000 ～	575,000	55,440.0	27,720.0	64,232.0	32,116.0	102,480.00	51,240.00
33 (30)	590,000	575,000 ～	605,000	58,410.0	29,205.0	67,673.0	33,836.5	107,970.00	53,985.00
34 (31)	620,000	605,000 ～	635,000	61,380.0	30,690.0	71,114.0	35,557.0	113,460.00	56,730.00
35	650,000	635,000 ～	665,000	64,350.0	32,175.0	74,555.0	37,277.5		
36	680,000	665,000 ～	695,000	67,320.0	33,660.0	77,996.0	38,998.0	厚生年金基金に加入している方の 厚生年金保険料率は、基金ごとに定められている免除保険料率（2.4%～5.0%）を控除した率となります。厚生年金基金に加入している方の厚生年金保険料率は、基金ごとに定められている 免除 保険 料率（2.4%～5.0%）を控除した率となります。	
37	710,000	695,000 ～	730,000	70,290.0	35,145.0	81,437.0	40,718.5		
38	750,000	730,000 ～	770,000	74,250.0	37,125.0	86,025.0	43,012.5		
39	790,000	770,000 ～	810,000	78,210.0	39,105.0	90,613.0	45,306.5		
40	830,000	810,000 ～	855,000	82,170.0	41,085.0	95,201.0	47,600.5		
41	880,000	855,000 ～	905,000	87,120.0	43,560.0	100,936.0	50,468.0		
42	930,000	905,000 ～	955,000	92,070.0	46,035.0	106,671.0	53,335.5		
43	980,000	955,000 ～	1,005,000	97,020.0	48,510.0	112,406.0	56,203.0		
44	1,030,000	1,005,000 ～	1,055,000	101,970.0	50,985.0	118,141.0	59,070.5		
45	1,090,000	1,055,000 ～	1,115,000	107,910.0	53,955.0	125,023.0	62,511.5		
46	1,150,000	1,115,000 ～	1,175,000	113,850.0	56,925.0	131,905.0	65,952.5		
47	1,210,000	1,175,000 ～	1,235,000	119,790.0	59,895.0	138,787.0	69,393.5		
48	1,270,000	1,235,000 ～	1,295,000	125,730.0	62,865.0	145,669.0	72,834.5		
49	1,330,000	1,295,000 ～	1,355,000	131,670.0	65,835.0	152,551.0	76,275.5		
50	1,390,000	1,355,000 ～		137,610.0	68,805.0	159,433.0	79,716.5		

標準報酬月額に健康保険料率（40歳以上の者は介護保険料率も含める）および厚生年金保険料率を乗じた額（表の「全額」の部分）が、それぞれについて納付するべき社会保険料になります。なお、保険料は会社、従業員が半分ずつ負担するため、従業員が控除される保険料は、表の「折半額」の部分となります。

「保険料額表」は、毎年改定されますので、協会けんぽのホームページなどで確認するようにしましょう。

賞与については、「標準賞与（賞与の1,000円未満を切り捨てたもの）」に保険料率を乗じた額が社会保険料として徴収されます。この処理を行なうため、会社は、賞与支給日から5日以内に「健康保険・厚生年金被保険者賞与支払届」を年金事務所などに提出しなければなりません。

②雇用保険

雇用保険料率（2018年度）は、農林水産、清酒製造業、建設業を除く一般の事業の場合、0.9％で、そのうち労働者が0.3％、会社が0.6％を負担します。したがって、会社は給与や賞与を支給するときに、総支給額に0.3％を乗じた額を雇用保険料として控除します。

③源泉所得税

月々の給与から控除する源泉所得税の金額は、その労働者の課税対象額（総支給額から社会保険料、雇用保険料および月額15万円以下の通勤手当などを控除した金額）と扶養親族等の数を「給与所得の源泉徴収税額表（月額表）」に当てはめることにより算出します（【図表1-25】）。

なお、賞与の場合は、「賞与に対する源泉徴収税額の算出率の表」から賞与額に乗ずべき率を求め、源泉徴収税額を算出します。

「源泉徴収税額表」などは、都度改定されますので、直近のものを国税庁のホームページで確認するようにしてください。

■図表1-24　給与から控除される社会保険の保険料率

保険種類	被保険者の区分	保険料率		
		合計	従業員負担分	会社負担分
健康保険	協会けんぽ（東京）	9.900%	4.950%	4.950%
介護保険	第2号被保険者 （40～64歳の被保険者）	1.570%	0.785%	0.785%
厚生年金保険	2017年9月以降 全産業共通	18.300%	9.150%	9.150%
雇用保険 （2018年度）	一般の事業	0.900%	0.300%	0.600%
	農林水産・清酒製造業	1.100%	0.400%	0.700%
	建設業	1.200%	0.400%	0.800%
保険料合計	一般の事業	30.670%	15.185%	15.485%

注1）　「従業員負担分」が、従業員の給与から控除される社会保険料率となる。
注2）　社会保険料率は、改定されることがあるので、直近の保険料率は、健康保険組合、協会けんぽ、日本年金機構、厚生労働省などのホームページで確認すること。
注3）　事業主は、上記以外に労働者災害補償保険の保険料（0.25～8.80%）および子ども・子育て拠出金（0.29%）を負担する。

■図表1-25　源泉徴収税額表の見方

※　課税対象額が333,953円、扶養親族数が2人の場合　…　源泉徴収税額　6,470円

給与所得の源泉徴収税額表（平成30年分）

月　額　表（平成24年3月31日財務省告示第115号別表第一（平成29年3月31日財務省告示第95号改正））

その月の社会保険料等控除後の給与等の金額		甲								乙
		扶　　養　　親　　族　　等　　の　　数								
以　上	未　満	0　人	1　人	2　人	3　人	4　人	5　人	6　人	7　人	税　額
		税					額			税　額
円	円	円	円	円	円	円	円	円	円	円
88,000	円未満	0	0	0	0	0	0	0	0	その月の社会保険料等控除後の給与等の金額の3.063%に相当する金額
88,000	89,000	130	0	0	0	0	0	0	0	3,200
323,000	326,000	10,380	7,720	6,110	4,490	2,870	1,260	0	0	58,500
326,000	329,000	10,630	7,840	6,230	4,610	2,990	1,380	0	0	59,300
329,000	332,000	10,870	7,960	6,350	4,740	3,110	1,500	0	0	60,200
332,000	335,000	11,120	8,090	6,470	4,860	3,240	1,620	0	0	61,100
335,000	338,000	11,360	8,210	6,600	4,980	3,360	1,750	130	0	62,000
338,000	341,000	11,610	8,370	6,720	5,110	3,480	1,870	260	0	63,000
341,000	344,000	11,850	8,620	6,840	5,230	3,600	1,990	380	0	64,000

④個人住民税

　個人住民税は、従業員が1月1日時点で居住している市区町村において、前年の所得に基づいて納付額が決められます。毎年5月になると、市区町村から「市民税・県民税　特別徴収税額通知書」が会社宛に郵送されてきますので、人事担当者は、そこに記載された住民税額を給与から控除する手続きをします。

　個人住民税には、道府県民税と市町村民税とがあり、標準税率は、「均等割（定額）」と「所得割（定率）」に分かれ、道府県民税が「1,500円＋4％」、市町村民税が「3,500円＋6％」です（つまり、標準的な個人住民税率は「5,000円＋10％」になります）。

 5　給与計算の具体例

　それでは、61ページの【図表1-22】の給与明細を例にとって、実際に給与計算を行なってみましょう。なお、ここでは、次のとおり前提条件をおきます。

●時間外手当等の算定基礎額は「基本給＋役職手当＋等級手当」、1カ月の所定労働時間を160時間とします。
　したがって、算定基礎額の時間単価は、次のように算出されます。
　算定基礎額＝（基本給＋役職手当＋等級手当）÷所定労働時間
　　　　　　＝（270,000＋20,000＋30,000）÷160
　　　　　　＝　2,000（円／時間）

●時間外労働等の割増率を25％、休日労働の割増率を35％、深夜労働の割増率を25％とします。したがって、時間外労働等の計算式は、次のとおりとなります。
　・時間外労働＝算定基礎額×1.25×時間外労働時間数
　・時間外深夜＝算定基礎額×（1.25 ＋ 0.25）×時間外深夜労働時間数

・休日労働＝算定基礎額×1.35×休日労働時間数

・休日深夜＝算定基礎額×（1.35 ＋ 0.25）×休日深夜労働時間数

●社会保険の標準報酬月額を410,000円とします。また、健康保険・介護保険の保険料率を11.47％（本人負担は5.735％）、厚生年金保険の保険料率を18.3％（本人負担は9.15％）とします。

●雇用保険の保険料率を0.3％とします。

●源泉所得税を算出するために必要となる扶養親族数を「２人（配偶者と子供)」とします。また、個人住民税額を25,000円とします。

それでは、給与計算を行ないます（【図表１-26】）。

❶時間外手当の算出

時間外手当 ＝ 2,000×1.25×10 ＝ 25,000（円）

時間外深夜の手当 ＝ 2,000×1.50×4 ＝ 12,000（円）

休日労働手当 ＝ 2,000×1.35×4 ＝ 10,800（円）

休日深夜労働の手当 ＝ 2,000×1.60×2 ＝ 6,400（円）

したがって、当月の時間外労働・休日労働の手当合計額は、54,200円（＝25,000＋12,000＋10,800＋6,400）となります。

❷給与の総支給額

270,000＋20,000＋30,000＋15,000＋7,000＋10,000＋54,200＝406,200（円）

❸介護保険、健康保険、厚生年金保険の保険料

標準報酬月額（41万円）に保険料率を乗じて算出します。

健康保険・介護保険料：410,000×5.735％ ≒ 23,513（円）

厚生年金保険料：410,000×9.15％ ＝ 37,515（円）

■図表1-26　給与計算の具体例

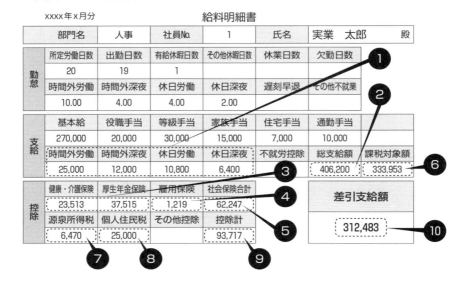

❹雇用保険料

当月の総支給額に雇用保険料率（従業員負担）を乗じて算出します。なお、50銭1厘以上の端数は、1円に切り上げます。

406,200×0.3% ≒ 1,219（円）

❺社会保険料（健康・介護保険、厚生年金保険、雇用保険）の合計

23,513＋37,515＋1,219 ＝ 62,247（円）

❻（源泉所得税の）課税対象額

総支給額から、非課税の通勤手当と社会保険料を控除します。

406,200－10,000－62,247 ＝ 333,953（円）

❼源泉所得税

源泉徴収税額表から社会保険料控除後の給与等の金額（＝課税対象額）が333,953円、扶養家族2人の税額を見ると、6,470円となります（67

ページの【図表1-25】参照)。

❽**個人住民税**

25,000円とします(前年の所得によって税額が決まります)。

❾**控除計** ＝ 社会保険合計＋源泉所得税＋個人住民税＋その他控除
　　　　　＝ 62,247＋6,470＋25,000＋0 ＝ 93,717（円）

❿**差引支給額** ＝ 総支給額－控除計額
　　　　　　　 ＝ 406,200－93,717 ＝ 312,483（円）

以上が給与計算の方法です。給与計算を身に付ける上で最も良い方法は、自社の従業員の給与計算を実際に自分の手でやってみることです。まずは、自分の給与明細を使って、給与計算を行なってみましょう。

6 年末調整の業務

毎年11月から12月にかけて、会社は、報酬を支払っている従業員全員を対象に「年末調整」を実施します。年末調整とは、従業員一人ひとりの納付するべき所得税の額を確定して、それと仮納付した源泉所得税との差額の清算を行なうと同時に、その結果を本人に通知し、各従業員の収入や所得税額などを税務署と市町村に申告する、一連の業務のことです。具体的には、次の作業を行ないます。

①従業員への扶養控除申告書等の配布と回収、および内容のチェック
②各従業員の所得税の計算、源泉所得税との清算
③源泉徴収票の交付、法定調書の届け出

それぞれの作業内容を簡単に見ていきましょう。

①扶養控除申告書等の配布と回収、内容のチェック

　所得税の計算においては、扶養親族がいる場合や生命保険料などを支払っている場合には、一定のルールで収入額を減額する（その結果、納付するべき所得税額も少なくなる）ことになっています。

　そこで、年末調整を行なう者（人事担当者）は、毎年11月になると、全従業員に、扶養親族の数を申告する「扶養控除申告書」、および生命保険料の支払い額などを申告する「保険料控除申告書　兼　配偶者特別控除申告書」を配布し、必要事項を記入してもらった上で、回収します。

　なお、扶養控除申告書については、その年の初めまたは入社時に各自から提出してもらっている書類なので、その内容に変更がないかどうかを確認する形で行なわれます。

②所得税の計算、源泉所得税との清算

　12月の給与および賞与の支払いが終われば、各従業員について、1年間の報酬の総額が確定します。この収入額と①で従業員が申告した扶養親族の数などに基づき、納付するべき所得税額を計算します。

　所得税は、1年間の所得に対して課せられる税金ですが、ここでいう「所得」とは、収入から必要経費を差し引いた金額を指します。

　会社で働く従業員の場合、仕事のために支払った必要経費を算出できないため、1年間の給与収入（給与、賞与の合計額）から、【図表1-27】に定める金額を控除して、残った額を「給与所得」とします。これを「給与所得控除」といいます。

　なお、給与等の収入金額が660万円未満の場合は、給与所得控除額の算式に基づいて作成された「年末調整等のための給与所得控除後の給与等の金額の表」により、給与所得控除後の所得額を求めます。この表は、国税庁のウェブサイトを参照してください。

　さらに、各従業員の扶養親族の数や支払った社会保険料の額などに応じた所得控除が行なわれます。主なものは、【図表1-28】のとおりです。

■図表1-27　給与所得控除の額

給与等の収入金額	給与所得控除額
180万円以下	収入金額×40%（65万円未満は65万円）
180万円超360万円以下	収入金額×30%＋18万円
360万円超660万円以下	収入金額×20%＋54万円
660万円超 1,000万円以下	収入金額×10%＋120万円
1,000万円超	220万円（上限）

■図表1-28　主な所得控除

種類	所得控除の対象　など		所得税	個人住民税
基礎控除	全員一律		38万円	33万円
配偶者控除※1	年間所得が38万円（給与収入のみの場合は103万円）以下の配偶者（納税者本人の合計所得金額が1,000万円を超える場合は、所得税の配偶者控除は受けられない）	納税者の合計所得 900万円以下	38万円	33万円※2
		900万円超 950万円未満	26万円	
		950万円超 1,000万円未満	13万円	
	配偶者が70歳以上	900万円以下	48万円	38万円※2
		900万円超 950万円未満	32万円	
		950万円超 1,000万円未満	16万円	
扶養控除	一般の控除対象扶養親族（16歳以上の人）		38万円	33万円
	特定扶養親族（19歳以上23歳未満の人）		63万円	45万円
	老人扶養親族（同居老親）		58万円	45万円
	老人扶養親族（同居老親以外）		48万円	38万円
社会保険料控除	従業員本人および親族の社会保険料を支払った場合		全額控除	
生命保険料控除	契約内容・保険料による		最高12万円	最高7万円

※1：納税者の年間所得金額が1,000万円以下であり、配偶者の年間所得が「38万円超 123万円以下」の場合は、配偶者特別控除の適用が受けられる。
※2：個人住民税の配偶者控除および配偶者特別控除は、2019年度（2018年1月1日以降の所得に対する課税）から、所得税と同じく納税者に対する収入制限が設けられ、控除額の見直しが行われる。

■**図表1-29　所得税の速算表**

課税される所得金額	所得税	個人住民税
195万円以下	5%	
195万円超　330万円以下	10%－97,500円	
330万円超　695万円以下	20%－427,500円	
695万円超　900万円以下	23%－636,000円	10%＋5,000円
900万円超　1,800万円以下	33%－1,536,000円	
1,800万円超　4,000万円以下	40%－2,796,000円	
4,000万円超	45%－4,796,000円	

※上記で算出した税額の2.1%に相当する「復興特別所得税」が加算される。
※個人住民税は標準的な税率を示した（税率は、市町村により異なる）。

　給与所得控除および基礎控除、扶養控除などの所得控除を行なった残額が課税される給与所得（「課税給与所得金額」といいます）になります。

　所得税の金額は、課税給与所得金額に応じて、【図表1-29】に定める式にしたがって算出されます。

　なお、2013年1月1日から2037年12月31日までの間に生ずる所得に対しては、所得税と併せて「復興特別所得税」（所得税額×2.1％相当額）が徴収されます。

　例えば、1年間の給与収入が700万円の従業員の場合、【図表1-30】のような流れで、所得税額が算出されます。

　このようにして、算出した所得税額とその年の毎月の給与から納付した源泉徴収税額の合計額との差額を算出して、12月（または翌年1月）に支給される給与で清算を行ないます。納付した源泉所得税額が所得税よりも多い場合は従業員に差額を還付し、少ない場合は追加徴収します。

■図表1-30　所得税、個人住民税の計算の流れ

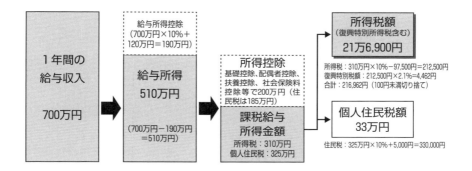

③源泉徴収票の交付・法定調書の届け出

　各従業員の所得税の算出および納付した源泉徴収税額との清算が終わったら、その結果を記載した源泉徴収票を作成して、本人に交付します。

　なお、「1年間に支払うべきことが確定した給与の総額が2,000万円を超える者」「年の中途で退職した者」などは、自分で確定申告を行なうことになるため、会社では年末調整を行ないません。

　年末調整が終わったら、翌年1月末日までに、税務署および（各従業員の居住地である）市町村に、それぞれ次の書類を提出します。

1）税務署へ提出する書類
　・給与所得の源泉徴収票等の法定調書合計表
　・源泉徴収票（給与等の支払金額が500万円を超える従業員、150万円を超える役員等に限る）

2）市町村へ提出する書類
　・給与支払報告書（総括表）
　・給与支払報告書（個人別明細書）

【図表1-31】の源泉徴収票は、【図表1-30】のケース（年収700万円の場合）について作成されたものです。両者を照らしあわせて、源泉徴収票の各欄に記載されていることを把握してください。

給与明細が、月々の給与支給額および控除された社会保険料や源泉所得税の額などを示しているのに対して、源泉徴収票は、1年間の給与支給額および納付した社会保険料や所得税の額などを示すものとなります。人事担当者は、従業員から源泉徴収票の記載事項について質問を受けたときに明確に回答できるようにしておくことが必要です。

■**図表1-31　源泉徴収票の具体例**

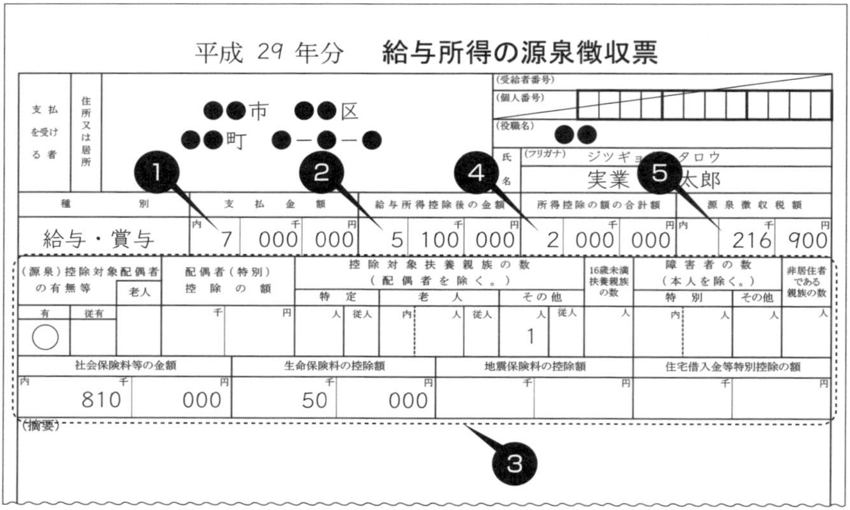

【図表1-31】の概略説明

❶その年に対象者に支給した給与、賞与の総額が表示される。
　給与明細の「総支給額」（税、社会保険料を控除する前の金額）
　の合計で、「手取り額」ではない。

❷給与所得控除（73ページ【図表1-27】を参照）後の「給与所得額」が表示される。ただし、年収が660万円未満の場合は、「年末調整等のための給与所得控除後の給与等の金額の表」に記載されている金額で計算が行なわれる。

❸所得控除の基礎となる扶養家族数、社会保険料の金額などが表示される。

❹基礎控除、扶養控除、保険料控除など、所得控除の合計額が表示される。

❺その従業員が支払う所得税（復興特別所得税を含む）の額が表示される。

具体的にいえば、❷（給与所得控除後の金額）から❸（所得控除の額の合計額）を差し引いた額（課税される所得金額）を、74ページ【図表1-29】の「所得税の速算表」に当てはめて算出した所得税額と復興特別所得税の合算額が表示される。

＊　　＊　　＊

近年、給与計算業務のシステム化、アウトソーシング化が進んでいるため、人事担当者自身が、給与計算の重要性を忘れてしまいがちです。しかし、給与計算が、どのような形で行なわれようとも、それが人事部門の重要な業務の一つであることには変わりありません。

人事担当者は、従業員から給与明細や源泉徴収票に関する問い合わせを受けたときに明確に回答できるようにしておかなければなりませんし、いざというときには、給与を手計算で算出できるぐらいになっておくことが望ましいといえます。

第2章

労働法と社会保険の知識を身に付けよう

2-1 労働法とは

　労働法とは、わが国における、雇用や労働、労使関係に関する一連の法律を指します。「労働法」という名前の法律があるわけではなく、労働基準法をはじめとして、労働契約法、男女雇用機会均等法、労働組合法などさまざまな法律をまとめて、労働法と呼んでいるのです。

　人事担当者が知っておくべき労働法は【図表2-1】に示したとおりです。これらの法律は、インターネット上（総務省行政管理局が運営するポータルサイト「電子政府の総合窓口（e-Gov）」の法令検索）で、条文を閲覧することができます。一度目を通しておくといいでしょう。

■図表2-1　主な労働法とその内容

法律名	主 な 内 容
労働基準法	賃金、労働時間、年次有給休暇に関することなど（日本国内における労働条件の最低基準）
労働契約法	労働契約の成立、変更、継続、終了に関すること、および期間の定めのある労働契約に関することなど
男女雇用機会均等法	雇用における性別を理由とする差別の禁止、および女性労働者の妊娠中、出産後の健康確保に関することなど
育児・介護休業法	育児休業、介護休業に関すること、および子の養育または家族介護を行なう労働者に対する支援措置に関することなど
高年齢者雇用安定法	定年の引き上げ、継続雇用制度の導入に関することなど
パートタイム労働法	パートタイム労働者（短時間労働者）の適正な労働条件の確保や雇用管理の改善に関することなど
労働者派遣法	労働者派遣事業の運営に関すること、および派遣元事業主、派遣先の講ずべき措置など
労働組合法	労働組合に関すること、および不当労働行為（労働組合活動に対する使用者の妨害行為）に関することなど
労働関係調整法	使用者と労働者の間で争議行為（ストライキなど）が発生した場合の解決方法に関することなど
労働安全衛生法	安全衛生管理体制、および労働者に対する安全衛生教育や健康診断に関することなど

労働法を理解するには、次の特徴を押さえておくことが必要です。

①労働者の保護を目的としている

本来、労働条件は、会社と労働者との間で話し合って、自由に決めればいいことです。ところが、そのようにすると、立場の違いにより、どうしても労働者に不利な労働条件になってしまいます。

そこで、国が、労働条件の基準や働き方のルールを法律として定め、それを会社に守らせることによって、労働者を保護しているのです。

労働法の中でも、労働基準法は、わが国における労働条件の最低基準を定めた法律として、とくに重要なものです。

②違反した場合には罰則が科せられることもある

労働法には、会社が労働者を働かせるときに守らなければいけない基準やルールが定められており、これに違反した場合、違反行為をした者や会社には、懲役や罰金などの罰則が科せられることがあります。

つまり、労働法には、違反行為が罰則の対象になるほどの、重要な基準やルールが定められているということになります。

③時代の動きに応じて改正が行なわれる

例えば、パートタイム労働者と正社員との待遇格差が社会的問題となってくると、国は、パートの待遇改善に関する新しいルールを定めて、それに基づきパートタイム労働法の改正を行ないます。

このように、労働法は、時代の動きに応じて、改正や新設などが行なわれます。したがって、労働法を理解するためには、基準やルールの内容だけではなく、それらができた時代背景や今後の法改正の見込みなども知っておくことが望ましいといえます。

2-2 労働基準法の基礎知識

　労働基準法は、労働条件の最低基準を定めたものとして、人事担当者が絶対に知っておかなければならない法律です。

　労働基準法は、次の13の章、121条で構成されています。

第1章　総則

第2章　労働契約

第3章　賃金

第4章　労働時間、休憩、休日及び年次有給休暇

第5章　安全及び衛生

第6章　年少者

第6章の2　妊産婦等

第7章　技能者の養成

第8章　災害補償

第9章　就業規則

第10章　寄宿舎

第11章　監督機関

第12章　雑則

第13章　罰則

　次に、労働基準法の中で人事担当者が絶対に知っておかなければならない基準やルールを列挙します。

1 労働契約に関すること

- 労働契約で期間を定める場合、一定の事業の完了に必要な期間を定めるものの他は、最長3年（専門知識を必要とする業務に就く者、満60歳以上の者は最長5年）となります［第14条］。

  なお、日本企業においては、一般的に、正社員を「期間の定めのない契約（無期契約）」で雇い、パートタイム労働者やアルバイトなどを「1年間（または数カ月間）の期間を定めた契約（有期契約）」で雇います。

- 労働者が業務上の傷病による療養のために休業する期間およびその後30日間、また女性労働者が産前産後休業をしている期間およびその後30日間は、その労働者の解雇（使用者による労働契約の打ち切り）はできません。ただし、天災事変のために事業の継続が不可能となった場合などは、この限りでありません［第19条］。

- 労働者を解雇しようとする場合、使用者は、少なくとも30日前にその予告（解雇予告）をするか、30日分以上の平均賃金を支払わなければなりません。解雇予告の日数は、平均賃金を支払った日数分だけ短縮することができます。ただし、労働者の責に帰すべき事由で解雇する場合は、この限りでありません［第20条第1、2項］。

  なお、解雇は、客観的に合理的な理由を欠き、社会通念上相当であると認められない場合、無効となります［労働契約法第15条］。

2 賃金に関すること

- 賃金は、原則として、①通貨で、②直接労働者に、③その全額を、④毎月1回以上、⑤一定の期日を定めて、支払わなければなりません［第

24条第1、2項]。これを「賃金支払いの5原則」といいます。

　ただし、労働者の同意を得て、労働者の指定する本人名義の口座に
振り込み、かつ所定の期日に賃金全額を払い出しができるという条件
を満たせば、「通貨で、直接労働者に支払う」という原則にかかわらず、
労働者が指定した金融機関の口座に振り込むことも可能です。

　また、「直接払い」の例外として、病欠中の労働者の賃金を使者に
支払うことは認められますが、「未成年者の賃金を親が勝手に受け取る」
ことは認められません［第59条］。

●使用者の責に帰すべき事由で休業する場合、使用者は、休業期間中、
　労働者に、平均賃金の60％以上の手当（休業手当）を支払わなければ
　なりません［第26条］。

　例えば、生産量を減らすために工場を休業させた場合、その期間中、
会社は、通常支払われる賃金の60％以上の休業手当を労働者に支給し
なければなりません。ただし、地震や台風のために休業する場合は、
使用者の責任ではないので、休業手当の支給対象にはなりません。

③　労働時間や休日に関すること

●労働時間は、休憩時間を除き、1週40時間以内、1日8時間以内とし
　ます［第32条第1、2項］。これを「法定労働時間」といいます。

　また、休日は、毎週少なくとも1回、あるいは4週間を通じ4日以
上とします［第35条第1、2項］。これを「法定休日」といいます。

　なお、労働基準法が定める「法定労働時間・法定休日」に対して、
それぞれの会社・事業所の就業規則で定めるものを「所定労働時間・
所定休日」といいます。

　ここで注意するべきことは、労働基準法でいう時間外労働や休日出
勤は、あくまでも「法定労働時間を超えて」あるいは「法定休日に」
働くことであって、会社が定めた「所定労働時間を超えて」、「所定休

■図表2-2 「法定内残業」と「法定外残業・深夜残業」の取り扱い

1日の所定労働時間が7時間の事業所で、14時間労働した場合の残業手当の支払いの例

法定労働時間　（8時間：休憩1時間を除く）
所定労働時間　（7時間：休憩1時間を除く）

9:00　　　　　　　　　　　　　　　　　17:00　18:00　　20:00　　22:00　　24:00

| 所定労働時間 | 休憩 | 所定労働時間 | 法定内残業 | 法定外残業 | 法定外残業（深夜残業） |

- 所定労働時間外の残業だが、法定労働時間（1日8時間）以内
  → 残業手当＝1時間分の賃金×1.00

- 所定労働時間外の残業、かつ、法定労働時間（1日8時間）も超える
  → 残業手当＝1時間分の賃金×1.25

- 法定労働時間（1日8時間）を超え、かつ、深夜勤務（22:00以降）になっている
  → 残業手当＝1時間分の賃金×(1.25＋0.25)

日に」働くことを意味しているわけではない、ということです。

　したがって、所定労働時間を超えて、あるいは所定休日に労働させても、それが「法定」の範囲内であれば、労働基準法第37条に定める割増賃金を付ける必要はありません。割増賃金を付けたとしても、法定基準を上回ることになるので、法律上、何ら問題はありません。

●休憩時間は、労働時間が6時間を超える場合は45分以上、8時間を超える場合は1時間以上、労働時間の途中に与えなければなりません。
　また、休憩時間は、原則として一斉に与え、また、労働者の自由に利用させなければなりません［第34条］。

●1日の所定労働時間は、「始業時刻：9時、終業時刻：17時30分」のように設定して、日ごとに変えないことが原則です。しかし、月の前半と後半、あるいは季節によって仕事量が大幅に変わってしまう仕事の場合、1日の労働時間を固定すると、多くの無駄が生じてしまいます。

そこで、労働基準法では、一定のルールのもとに労働時間を弾力的に定めることを認めています。これが「変形労働時間制」で、次の種類があります。

❶１カ月単位の変形労働時間制［第32条の２］

１カ月以内の一定の期間を平均し１週間の労働時間が40時間以下となる範囲内において、特定の日や週について１日および１週間の法定労働時間を超えて労働させることができる制度です。例えば、月の中で業務の繁閑がある事業場で「１日〜15日は６時間労働、16日〜月末は10時間労働」と定める仕組みです。

❷フレックスタイム制［第32条の３］

１カ月以内の一定期間（清算期間）の総労働時間を定めておいて、労働者がその範囲内で始業および終業の時刻を自主的に決めて働く制度です。清算期間内の総労働時間を超えて働いた分は、時間外労働となります。各自で仕事の進捗を管理する研究開発部門などに向いている仕組みです。

❸１年単位の変形労働時間制［第32条の４］

１年以内の一定の期間を平均し１週間の労働時間が40時間以下となる範囲内において、特定の日や週について１日および１週間の法定労働時間を超えて労働させることができる制度です。季節によって業務の繁閑の差がある仕事に適しています。

❹１週間単位の非定型的変形労働時間制［第32条の５］

日ごとの業務に著しい繁閑の差が生ずることが多く、各日の労働時間を特定することが困難であると認められる、常時使用する労働者数30人未満の小売業、旅館、飲食店において、１週間単位で毎日の労働時間を弾力的に定めることができる仕組みです。

●外出先で仕事をした場合、あるいは、研究者が自分のペースで仕事を進めている場合等は労働時間数を算定することが困難です。このような場合は、労使協定で定めた時間数を働いたことにします。これが「みなし労働時間制」で、次の種類があります。

❶事業場外労働のみなし労働時間制［第38条の２］

外出先での仕事を終えて自宅に直接帰った場合、会社は、その労働者の労働時間を正確に把握することはできません。こういう場合は、原則として、所定労働時間の労働をしたことにします。これが「みなし労働時間制」です。

なお、外出先での仕事について所定労働時間を超えて労働することが必要となる場合は、「当該業務の遂行に通常必要とされる時間（または、労使協定で定めた時間）」を働いたことにします。

例えば、１日の所定労働時間が８時間と定められている会社の労働者が、終日外出した場合は、原則として８時間働いたものとみなされますが、外出先での仕事が通常10時間かかる仕事であれば、10時間働いたものとみなされます。

❷裁量労働制［第38条の３、４］

研究者やデザイナーのような職種では、業務の性質上、その遂行の手段や時間配分の決定等に関して会社が具体的な指示をすることが困難です。そこで、このような業務については、実際の労働時間数とはかかわりなく、労使協定等で定めた労働時間数を働いたものとみなします。これが「裁量労働制」です。

裁量労働制には、研究開発者、システム設計者、デザイナー等、19の専門業務を対象とした「専門業務型裁量労働制」と、事業運営の企画、立案等を行なうホワイトカラーを対象とした「企画業務型裁量労働制」の２種類があります。

87

なお、フレックスタイム制と裁量労働制は、ともに日々の出社、退社時刻を労働者が自分で決める仕組みですが、労働時間の計算方法はまったく異なります。

　フレックスタイム制は、日々の実労働時間を記録し、一定期間の実労働時間の合計を計算しますが、裁量労働制は、実際にどのように労働したかにかかわらず、あらかじめ決めておいた一定の時間を働いたことにします。

　ですから、月々の時間外手当が、フレックスタイム制では増減しますが、裁量労働制では、原則として固定額となります。

●会社と労働組合（または労働者の過半数を代表する者）との間で書面による協定（「36〈サブロク〉協定」）をして行政官庁に届け出た場合は、法定労働時間や法定休日にかかわらず、会社は、労働者に時間外労働や休日労働をさせることができます［第36条］。

　なお、原則として、36協定の締結において時間外労働をさせる時間（延長時間）は、厚生労働省が定める基準（平成10年労働省告示第154号）により、【図表2-3】に定める限度内におさめるようにしなければなりません。

　ただし、特別の事情が予想される場合には、原則の延長時間、特別

■**図表2-3　労働時間の延長の限度に関する基準**

期　　間	時間外労働の上限時間	
	通常の労働者	1年単位の変形労働時間制
1週間	15時間	14時間
2週間	27時間	25時間
4週間	43時間	40時間
1カ月間	45時間	42時間
2カ月間	81時間	75時間
3カ月間	120時間	110時間
1年間	360時間	320時間

様式第9号（第17条関係）

■図表2-4　時間外労働・休日労働に関する協定届（36協定）

時間外労働　　に関する協定届
休日労働

事業の種類	事業の名称	事業の所在地（電話番号）	期間
電子部品製造業	△△電子工業株式会社	東京都大田区××町3-3（電話 03-9999-8888）	平成30年4月1日から1年間

	時間外労働をさせる必要のある具体的事由	業務の種類	労働者数（満18歳以上の者）	所定労働時間	延長することができる時間		期間
					1日	1カ月（毎月1日）／1年（4月1日）	（1日を超える一定の期間の起算日）
① 下記②に該当しない労働者	臨時の受注、納期変更	部品製造	20人	8時間	5時間	45時間 / 360時間	平成30年4月1日から1年間
	臨時の受注、納期変更	検査	10人	8時間	5時間	45時間 / 360時間	平成30年4月1日から1年間

（特別条項）
ただし、通常の生産量を大幅に越える受注が集中し、納期が立て込んだ場合は、1年間に6回を限度として、1カ月間に60時間まで、1年間に420時間まで延長することができる。
1カ月45時間を越えた場合、または1年間360時間を越えた場合の時間外労働割増賃金割合の率は30%とする。

| ② 1年単位の変形労働時間制により労働する労働者 | 決算業務 | 経理 | 3人 | 8時間 | 5時間 | 42時間 / 320時間 | 平成30年4月1日から1年間 |

	休日労働をさせる必要のある具体的事由	業務の種類	労働者数（満18歳以上の者）	所定休日	労働させることができる休日並びに始業及び終業の時刻		期間
	臨時の受注、納期変更	部品製造	20人	土日、祝日日曜日年末年始	（始業8:00　終業17:00）		平成30年4月1日から1年間

協定の成立年月日　平成30年　3月　25日

協定の当事者である労働組合の名称又は労働者の過半数を代表する者の
職名 製造係
氏名 鈴木 三郎

協定の当事者（労働者の過半数を代表する者の場合）の選出方法

使用者　職名 代表取締役
氏名 田中 五郎

平成30年　3月　28日　　労働基準監督署長殿

記載心得
1 「業務の種類」の欄には、時間外労働又は休日労働をさせる必要のある業務を具体的に記入し、当該業務を他の業務と区別して記入すること。
2 「延長することができる時間」の欄の記入に当たっては、次のとおりとすること。
（1） 「1日」の欄には、労働基準法第32条から第32条の5まで又は第40条の規定により労働させることができる最長の労働時間を超えて延長することができる時間を記入する。1日についての限度となる時間を記入すること。
（2） 「1日を超える一定の期間（起算日）」の欄には、労働基準法第32条から第32条の5まで及び第40条の規定により労働させることができる最長の労働時間を超えて延長することができる時間を記入する。同法第36条第1項の協定で定める1日を超え3箇月以内の期間及び1年間についての延長することができる時間の限度に関し、当該期間の起算日を記入し、当該期間の起算日を記入し、その上欄に当該協定で定める延長することができる時間を記入し、その下欄に当該労働時間を超えて労働させることができる時間を記入すること。
3 ②の欄は、労働基準法第32条の4の規定による1年単位の変形労働時間制により労働する者（対象期間が3箇月を超える者に限る。）について記入すること。
4 「労働させることができる休日並びに始業及び終業の時刻」の欄には、労働基準法第35条の規定による休日であって労働させることができる休日並びに当該休日の労働の始業及び終業の時刻を記入すること。
5 「期間」の欄には、時間外労働又は休日労働をさせることができる日の属する1年間の期間を記入すること。

の事情、労使協議の手続き、特別の延長時間とその限度回数を定めることにより、この限度時間を超えた延長時間を定めることができます。これを「特別条項付き協定」といいます。

●使用者は、法定労働時間を超えて、または法定休日に労働させた場合、労働者に対して割増賃金を支払わなければなりません。また、22時から５時まで（特定の地域・期間は23時から６時まで）の間において労働させた場合も、深夜労働の割増賃金を支払わなければなりません［第37条第１～５項］。時間外手当などの割増率は、【図表２-５】のとおりです。

●労働基準法に定める労働時間、休憩および休日に関する規定は、「農業・漁業の労働者」や「監督・管理の地位にある者」などには適用されません［第41条］。
　　なお、監督・管理の地位にある者とは、労務管理について経営者と一体的な立場にある者をいい、それに該当するかどうかは、次の点を

■図表２-５　時間外、休日、深夜の労働に対する賃金の割増率

区　　分	割　増　率
法定時間外労働 （１週40時間、１日８時間を超える労働）	25％以上
法定休日労働 （１週１日または４週を通じて４日の休日の労働）	35％以上
１カ月について60時間を超えた時間外労働※ （中小企業は、適用が猶予されている）	50％以上
深夜労働 （22時～５時［または23時～６時］の労働）	25％以上
法定時間外労働＋深夜労働	50％（25％＋25％）以上
法定休日労働＋深夜労働	60％（35％＋25％）以上
月60時間を超えた時間外労働＋深夜労働	75％（50％＋25％）以上

※１カ月45時間を超える時間外労働は、25％を超える割増率とする努力義務あり。

考慮して総合的に判断されます。

1）労働時間、休憩、休日等に関する規制の枠を超えて活動せざるをえない重要な職務内容を有していること

2）現実の勤務態様も、労働時間等の規制になじまないようなものであること

3）賃金等について、その地位にふさわしい待遇がなされていること

4 休暇・休業に関すること

●会社は、入社後 6 カ月間継続勤務し、全労働日の80％以上出勤した労働者に対して、10労働日の休暇（年次有給休暇）を与えなければなりません。また、その後は、【図表 2 - 6 】のとおり年次有給休暇を与えなければなりません［第39条第 1、2 項］。

■図表2-6　年次有給休暇の付与日数

一般の労働者（週所定労働時間が30時間以上、所定労働日数が週 5 日以上、または 1 年間の所定労働日数が217日以上）

	雇入れ日から起算した継続勤務期間						
	6カ月	1年 6カ月	2年 6カ月	3年 6カ月	4年 6カ月	5年 6カ月	6年 6カ月 以上
休暇の付与日数	10日	11日	12日	14日	16日	18日	20日

パートタイム労働者など

週所定 労働 日数	1 年間の 所定労働日数	雇入れ日から起算した継続勤務期間						
		6カ月	1年 6カ月	2年 6カ月	3年 6カ月	4年 6カ月	5年 6カ月	6年 6カ月 以上
4日	169日～216日	7日	8日	9日	10日	12日	13日	15日
3日	121日～168日	5日	6日	6日	8日	9日	10日	11日
2日	73日～120日	3日	4日	4日	5日	6日	6日	7日
1日	48日～72日	1日	2日	2日	2日	3日	3日	3日

●年次有給休暇の請求権は「２年間」です［第115条］。取得しなかった年次有給休暇は、翌年度に限り繰り越すことができます。

　なお、所定労働日数が正社員より少ないパートタイム労働者は、所定労働日数に応じて付与される休暇日数が定められています（これを「比例付与」といいます）。

●年次有給休暇は、労働者が請求する日に与えなければなりません。ただし、その日に休暇を与えることが事業の正常な運営を妨げる場合、会社は、休暇を他の日に与えることができます。これを「時季変更権」といいます［第39条第５項］。

●会社は、６週間（多胎妊娠の場合にあっては14週間）以内に出産する予定の女性が休業を請求した場合、就業させることができません。また、産後８週間を経過しない女性を就業させることもできません（ただし、産後６週間を経過した女性が請求した場合は、医師が支障なしと認めた業務に就かせることはできます［第65条第1、2項］）。これを「産前産後休業」といいます。

5 その他のこと

●常時10人以上の労働者を使用する会社は、労働時間や賃金などの労働条件を定めた就業規則を作成して、所轄の労働基準監督署に届け出なければなりません。就業規則に定める労働条件を変更した場合も、労働基準監督署への届け出が必要です［第89条］。

●就業規則で、労働者に対して減給の制裁（問題行為があった場合に罰として行なう賃金カット）を定める場合、１回の額が平均賃金の１日分の半額を超え、総額が一賃金支払期における賃金の総額の10％を超えてはいけません［第91条］。

＊　　＊　　＊

　以上が、人事担当者が絶対に知っておかなければならない労働基準法の内容です。これら以外にも重要なことが書いてありますから、一度、労働基準法全体に目を通しておくといいでしょう。

2-3 その他　労働法令に関する基礎知識

　労働基準法以外にも、労働契約法やパートタイム労働法などの法令について、人事担当者は、その内容を理解しておくことが必要です。ここでは、これらの法令のポイントを紹介します。

1 「労働条件の不利益変更」と「無期転換ルール」　～労働契約法～

　労働契約法は、合理的な労働条件の決定または変更が円滑に行なわれるようにするために、労働契約に関する基本的事項を定めた法律です。この法律については、労働条件の不利益変更と有期労働契約の取り扱いに関する定めを知っておくことが必要です。

● 会社は、労働者と合意することなく、就業規則を変更することにより、労働者の不利益に労働条件を変更することはできません。

　ただし、会社が就業規則の変更により労働条件を変更する場合において、変更後の就業規則を労働者に周知させ、かつ、就業規則の変更が、労働者の受ける不利益の程度、労働条件の変更の必要性、変更後の就業規則の内容の相当性、労働組合等との交渉の状況その他の就業規則の変更に係る事情に照らして合理的なものであるときは、労働条件の不利益変更は有効とされます［労働契約法第9条、10条］。

● 同一の会社との間で、有期労働契約が反復更新されて通算契約期間が5年を超えた場合、その労働者が申込めば、会社は、期間の定めのない労働契約（無期労働契約）に転換しなければなりません。これを「無期転換ルール」といいます（【図表2-7】）。

94

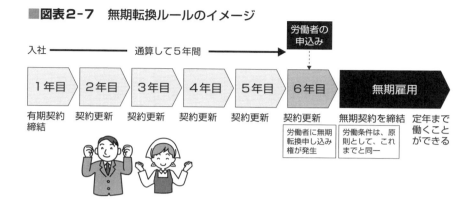

■図表2-7　無期転換ルールのイメージ

　なお、無期転換後の労働条件は、別段の定めがない限り、それまでの有期労働契約の労働条件と同一のものとなります［労働契約法第18条第1項］。

2 性別を理由とした差別の禁止　～男女雇用機会均等法～

　男女雇用機会均等法（正式名称は「雇用の分野における男女の均等な機会及び待遇の確保等に関する法律」）は、雇用管理の各ステージ（募集・採用、配置・昇進・教育訓練、定年・解雇など）における性別を理由とする差別の禁止、および婚姻、妊娠、出産などを理由とする不利益取り扱いの禁止などを定めた法律です。また、職場におけるセクシュアル・ハラスメントや妊娠・出産等に関するハラスメント（マタニティ・ハラスメント）を防止するために、会社が講じる措置についても定めています。

　男女雇用機会均等法のポイントは、次のとおりです。

●募集・採用、配置・昇進・降格・教育訓練、一定範囲の福利厚生、職種・雇用形態の変更、退職の勧奨・定年・解雇・労働契約の更新について、性別を理由とする差別を禁止する。

また、性別以外の事由を要件とする措置であっても、実質的に性別を理由とする差別（間接差別）となるおそれがあるものは、合理的な理由がない場合、これを講ずることを禁止する。

　なお、間接差別の具体的な例としては、次のものが挙げられる。

　1）労働者の募集または採用に当たって、労働者の身長、体重または体力を要件とすること

　2）労働者の募集もしくは採用、昇進または職種の変更に当たって、転居を伴う転勤に応じることができることを要件とすること

　3）労働者の昇進に当たり、転勤の経験があることを要件とすること

●「婚姻、妊娠、出産を退職理由とする定め」「婚姻を理由とする解雇」「妊娠、出産、産休取得などを理由とした解雇その他不利益取り扱い」を禁止する。

●職場におけるセクシュアル・ハラスメント防止および妊娠・出産等に関するハラスメント防止のために、雇用管理上必要な措置を会社に義務付けている。会社が講ずべき措置には、次のものが挙げられる。

　1）ハラスメント防止に関する方針の明確化およびその周知・啓発

　2）相談に応じ、適切に対応するために必要な体制の整備

　3）職場におけるセクシュアル・ハラスメントおよび妊娠・出産等に関するハラスメントに係る事後の迅速かつ適切な対応

　4）職場における妊娠・出産等に関するハラスメントの原因や背景となる要因を解消するための措置

　5）相談者・行為者等のプライバシーの保護、相談したこと等を理由とした不利益な取り扱いの禁止と周知

3 育児・介護休業制度のポイント　〜育児・介護休業法〜

育児・介護休業法（正式名称は「育児休業、介護休業等育児又は家族

介護を行う労働者の福祉に関する法律」）とは、子の養育または家族の介護を行なう労働者等の職業生活と家庭生活との両立に寄与することを目指して、育児・介護休業制度、子の看護休暇や介護休暇、および育児・介護を容易にするために事業主が講ずべき措置などを定めた法律です。

　育児・介護休業制度は、規模や業種を問わず、すべての事業所に適用され、また、雇用期間が1年未満の労働者や1週間の所定労働日数が2日以下の労働者（ともに、労使協定により対象外にすることを定めた場合）などを除き、原則として、すべての労働者が適用対象となります。

　育児・介護休業法で定められている主な仕組みは、次のとおりです。

①育児休業

　労働者が、原則として子が1歳に達する日までの連続した期間について、休業することができる仕組み（労働者が申し出ることが必要）。

　なお、父母がともに育児休業を取得する場合は、子が1歳2カ月に達する日までの間、休業の取得が可能（パパ・ママ育休プラス）で、また、父母いずれかが育児休業中で、かつとくに必要と認められる場合（例えば、保育所等の利用を希望しているが、入所ができない場合等）は、2歳に達する日までの取得が可能となる。

②介護休業

　労働者が、要介護状態（負傷、疾病または身体上、精神上の障害により、2週間以上の期間にわたり常時介護を必要とする状態）にある家族を介護するために、対象家族1人につき3回まで、通算して93日を限度として休業することができる仕組み。

③子の看護休暇、介護休暇

　小学校就学の始期に達するまでの子を養育する労働者は、1年に5日（子が2人以上の場合は10日）まで、病気、けがをした子の看護または子に予防接種、健康診断を受けさせるために、休暇の取得が可能。

また、要介護状態にある対象家族の介護その他の世話を行なう労働者は、1年に5日（対象家族が2人以上の場合は10日）まで、介護その他の世話を行なうために、休暇の取得が可能。

　なお、看護休暇、介護休暇ともに半日単位での取得が可能である。

④その他、会社が講じなければならない措置

●3歳に満たない子を養育する労働者が子を養育するために請求した場合、および要介護状態にある対象家族を介護する労働者が請求した場合においては、事業の正常な運営を妨げる場合を除き、会社は、所定労働時間を超えて労働させてはならない。

●小学校就学の始期に達するまでの子を養育する労働者がその子を養育するため、または要介護状態にある対象家族を介護する労働者がその家族を介護するために請求した場合には、事業の正常な運営を妨げる場合を除き、会社は制限時間（1ヵ月24時間、1年150時間）を超えて時間外労働をさせてはならない。

●小学校就学の始期に達するまでの子を養育する労働者がその子を養育するため、または要介護状態にある対象家族を介護する労働者がその家族を介護するために請求した場合には、会社は午後10時～午前5時（深夜）において労働させてはならない。

●会社は、3歳に満たない子を養育する労働者に関して、労働者が希望すれば利用できる短時間勤務制度（1日の所定労働時間を原則として6時間とする）を設けなければならない。また、3歳から小学校就学の始期に達するまでの期間は、短時間勤務制度、フレックスタイム制度、時差出勤制度などのうち、いずれかの措置を講ずるように努力しなければならない。

■図表2-8　妊娠・出産・育児に関する支援策

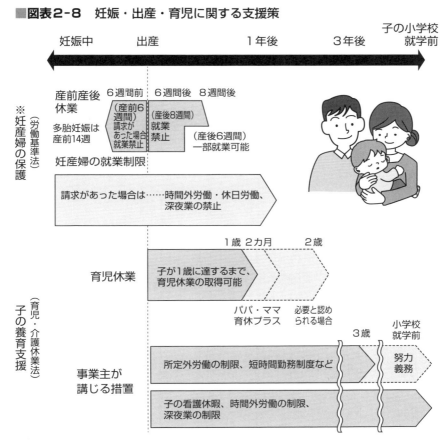

※「妊産婦」とは、妊娠中の女性および産後1年を経過しない女性をいう

- 会社は、要介護状態にある対象家族を介護する労働者に関して、所定労働時間の短縮措置、フレックスタイム制度、時差出勤制度などのうちいずれかを講じなければならない。なお、この措置は、介護休業とは別に、利用開始から3年間で2回以上の利用が可能。

- 育児・介護休業、看護・介護休暇、所定外労働の制限その他の措置の申出、取得などを理由とする解雇その他不利益な取り扱いを禁止する。

●会社は、育児・介護休業その他の育児・介護に関する措置の申出・利用に関する言動により、労働者の就業環境が害されることがないように、雇用管理上必要な措置を講じなければならない。

4 60歳以降の継続雇用の義務化　〜高年齢者雇用安定法〜

　日本の会社では、一般的に定年年齢を「60歳」と定めていますが、近年、多くの会社で、定年に達した後も従業員を継続して雇用する仕組みが導入されています。これが「継続雇用制度」です。

　2006年4月から施行された改正高年齢者雇用安定法（正式名称は「高年齢者等の雇用の安定等に関する法律」）により、会社は、①定年年齢の引き上げ、②継続雇用制度の導入、③定年制の廃止、のいずれかの措置を講じなければならないとされました。

　なお、定年年齢の引き上げの場合、引き上げられた定年年齢に到達する前に退職する従業員は、定年退職の扱いとはなりません。一方、継続雇用制度の場合は、60歳定年制は残っているので、本人が継続雇用を希望しなければ、60歳到達時で定年退職となります。

　このような法改正が行なわれましたが、実際には、「①定年年齢の（65歳以上への）引き上げ」や「③定年制の廃止」を行なった会社は少数で、ほとんどの会社が、60歳定年制を残したまま、定年後も従業員を雇用する「継続雇用制度」を導入しました。

　継続雇用制度には「勤務延長制度」と「再雇用制度」の2種類があります。勤務延長制度とは、定年年齢に達した従業員を退職させることなく、引き続き雇用する制度をいいます。原則として、定年の前後において労働条件の変更はありません。一方、再雇用制度とは、定年年齢に達した従業員をいったん退職させた後、再び雇用する制度をいい、この場合は、定年前後で労働条件を柔軟に変更させることができます。

■**図表2-9** 60歳以降の継続雇用のパターン

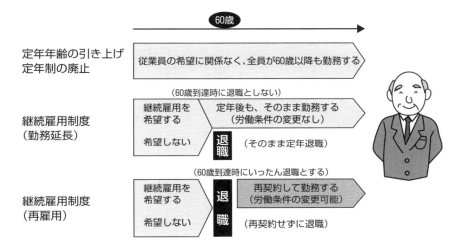

　もともと、定年年齢の引き上げや継続雇用の義務化は、公的年金の支給開始年齢が60歳から65歳に引き上げられることに伴い、高齢者が定年後に無収入になる期間をなくすための措置でした。今後は、従業員の高齢化により60歳以上の従業員が増加するものと推測されるため、多くの会社で、「高齢者の有効活用の在り方の検討」や「人件費増加を回避するための賃金カーブの見直し」などが進められることでしょう。

5 パートを雇用するときの注意点　〜パートタイム労働法〜

　日本において、パートタイム労働者（一般的には「同じ事業所で働く通常の労働者よりも所定労働時間が短い労働者」を指す）は、雇用者全体の18.2％を占めています（総務省「労働力調査」2017年平均）。

　日本企業においては、製造や販売の現場において補助的作業を行なう労働者として、主に女性（主婦層）をパートタイム労働者として雇用し

■**図表2-10　パートタイム労働者の待遇に関する定め**

通常の労働者と比較して…		賃金		教育訓練		福利厚生	
職務内容	人材活用の仕組みなど	職務関連（基本給、賞与など）	左以外（家族手当、退職金等）	職務関連	左以外	給食施設、休憩室、更衣室など	左以外
通常の労働者と同視すべきパート		◎	◎	◎	◎	◎	◎
同じ	同じ						
人材活用の仕組みが同じパート		□	―	○	△	○	―
同じ	一定期間は同じ						
職務内容が同じパート		△	―	○	△	○	―
同じ	異なる						
通常の労働者と異なるパート		△	―	△	△	○	―
異なる	異なる						

◎　差別的取り扱いの禁止
○　実施義務・配慮義務
□　同一の方法で決定する努力義務
△　職務内容、成果、能力などを勘案する努力義務

ていました。ほとんどのパートタイム労働者は、1年間などの期間を定めて雇用されますが、契約更新を重ねて長年にわたり働き続けているうちに、正社員と同じような業務を行なう者が出現してくるようになりました。そして、これらのパートタイム労働者は、正社員と同じ業務をしているのに、賃金などの労働条件だけが低く設定されていることは不公平だという認識が、世間に広まってきました。

　このような流れの中で、1993年には、パートタイム労働者の雇用管理の改善などを図ることを目的として「パートタイム労働法」（正式名称は、「短時間労働者の雇用管理の改善等に関する法律」）が制定され、2007年には、パートタイム労働者の待遇を正社員と比べて均衡のとれたものとするために、大幅な法改正が行なわれました。

　現行のパートタイム労働法のポイントは、次のとおりです。

●事業主は、通常の労働者との均衡を考慮しつつ、パートタイム労働者の職務の内容、成果、意欲、能力、経験などを勘案し、その賃金を決定するように努め、また教育訓練を実施するように努めるものとする。

■**図表2-11　労働者派遣と請負の比較**

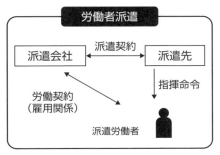 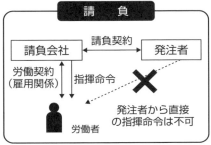

●事業主は、職務の内容、退職までの長期的な人材活用の仕組みや運用などが通常の従業員（正社員）と同一のパートタイム労働者については、契約期間の有無にかかわらず、賃金、教育訓練、福利厚生などの待遇について、正社員との間で差別的な取り扱いをしてはならない。

6 派遣社員を使用するときの注意点　〜労働者派遣法〜

　労働者派遣とは、派遣会社（派遣元）に雇用されている労働者を他の会社（派遣先）の指揮命令を受けて働かせることをいいます。
　労働者派遣は、1986年に一部の業務に限って認められたものでしたが、1999年に対象業務が原則自由化されたことにより、さまざまな業種で幅広く活用されるようになりました。

　なお、労働者派遣と混同されやすい形態として「請負（うけおい）」があります。
　請負とは、ある会社（発注者）から他社（請負会社）に特定の仕事を完成させることを依頼する契約のことです。請負の場合、発注者からすれば、請負契約で働いている労働者は、あくまでも他社である請負会社の従業員になるので、直接的に指揮命令をすることはできません。
　労働者派遣の場合、派遣先は派遣労働者に指揮命令することが可能です（【図表2-11】）。

103

労働者派遣や請負で行なわれる業務は、従業員の労務管理をする責任の所在が不明確になりがちで、これまでにさまざまな問題が発生してきました。派遣や請負を使うときには、法令や官公庁が示すガイドライン等をよく読んで、それに沿って適正に活用していくことが必要です。

　労働者派遣法（正式名称は「労働者派遣事業の適正な運営の確保及び派遣労働者の保護等に関する法律」）に示されている、労働者派遣を使うときの注意点は、次のとおりです。

❶同一事業所に派遣できる期間は、原則３年が限度（事業所単位の期間制限）。３年を超える場合は、派遣先の労働組合等からの意見聴取が必要となる。また、同一の派遣労働者を同一の組織単位に対して派遣できる期間は、３年を限度とする（個人単位の期間制限）。

❷派遣先が❶の期間制限に違反しているなど、労働者派遣法違反であることを知りながら派遣労働者を受け入れている場合、派遣労働者に対して労働契約を申し込んだものとみなされる（労働契約申込みみなし制度）。

❸派遣社員の労務管理は、原則として派遣会社が行なうが、次については派遣先が分担する。
　・労働時間管理（36協定締結は派遣元で。ただし、それを遵守するのは派遣先の義務）
　・セクシュアル・ハラスメント対策、妊娠中、出産後の健康管理に関する必要な措置など

7 その他の労働法令

　これらの法律以外にも、人事担当者は、労働組合法、労働関係調整法、労働安全衛生法などの法律、および各法律の施行規則や厚生労働省が公

表したガイドライン等に目を通しておくことが必要です。

　なお、法令の条文は、独特な言い回しをしているために、それだけ読んでも理解できないこともあります。このような場合は、各法令について官公庁などが発行しているパンフレットやガイドブックなども、あわせて見ておくといいでしょう。

　なお、有期契約労働者や派遣労働者に関する法令や育児・介護に関する法令などは、今後も改正が行なわれるものと考えられます。厚生労働省のホームページをチェックするなどして、法改正に対応した最新知識を習得しておくことが必要です。

2-4
労働保険・社会保険に関する基礎知識

　従業員の生活には、「失業する」「病気になる」「年をとって働けなくなる」などのさまざまなリスク（「保険事故」といいます）があります。これらのリスクが発生したときに、収入がなくなったり、多額の医療費がかかったりすると、従業員は生活が困難になります。

　このような事態に陥ることを避けるため、会社で働く者は、国が運営する保険に加入して、保険事故が発生したときには、そこから生活をするための給付金が支払われたり、医療費の一部が支払われたりすることになっています。

　このような国が運営する保険の仕組みが「労働・社会保険」です。

　従業員の労働・社会保険の加入・脱退（被保険者資格の得喪(とくそう)）、保険給付の申請、保険料の徴収・納付などの手続きは、会社（人事部門）がまとめて行ないますので、人事担当者は、これらに関する知識を身に付けておくことが必要です。

　また、人事担当者は、従業員から「病気で休業する場合に、いくらぐらい保険給付を受け取れるのか？」「定年後は、いくらぐらい年金が支給されるのか？」などの問い合わせを受けることもあり、そのときにしっかりと答えられるようにしておかなければなりません。

　このような問い合わせは、従業員の身に何か困ったことが生じたときに人事担当者に寄せられるものであり、そのときの対応次第で、「頼りになる人事部かどうか」が決まってしまいます。

　ここでは、労働保険・社会保険の概要について紹介します。

106

1 労働・社会保険の種類

会社で働く従業員が加入する労働保険・社会保険には、次の5つの制度があります。

①雇用保険
労働者が失業した場合に、労働者の生活の安定を図るため、また再就職を支援するために、給付金などを支給します。なお、在職中の従業員についても、雇用の継続が困難となる事由が生じたり、教育訓練を受けたりした場合に、給付金を支給することもあります。

②労働者災害補償保険（労災保険）
業務上、または通勤による従業員の負傷、疾病、障害、死亡等に対して療養の支給や休業期間中の給付金の支給、障害を負った従業員や死亡した従業員の遺族への給付金の支給などを行ないます。

③健康保険
業務外の事由による疾病、負傷もしくは死亡または出産、およびその被扶養者の疾病、負傷、死亡または出産に関して保険給付を行ないます。
例えば、病気やけがを療養するために会社を休業する場合、その病気・けがが業務上の事由によるものであれば「労災保険」から、業務に関係がない、プライベートな事由によるものであれば「健康保険」から、休業期間中の賃金の一部に相当する給付金が支給されます。

④介護保険
市町村および特別区（東京23区）が運営主体となって、介護や生活の支援を必要とする高齢者などに対して、ヘルパーによる訪問介護などのサービスを提供する仕組みです。

⑤厚生年金保険

働いていた者が、高齢（65歳以上）になる、障害を負う、死亡するなどの事由によって働けなくなったときに、生活に困らないように、本人または遺族に対して国から年金などを支給します。ただし、年金給付などを受けるには、「一定期間、保険料を支払う」などの要件を満たすことが必要です。

■図表2-12　労働保険・社会保険の種類

保険の種類		事務を行なう機関など
労働保険	雇用保険	公共職業安定所 （ハローワーク）
	労働者災害補償保険 （労災保険）	都道府県労働局 労働基準監督署
社会保険	健康保険	健康保険組合 全国健康保険協会
	介護保険	市町村と特別区（東京23区）
	厚生年金保険	日本年金機構 年金事務所（事務センター）

2　労働・社会保険の被保険者

労働・社会保険の保険料を支払い、病気や失業などの保険事故が発生した場合に保険給付を受けられる者を「被保険者」といいます。

各保険の被保険者は、次のとおりです。

①雇用保険

事業所に雇用される労働者で、「1週間の所定労働時間が20時間以上」で、かつ「31日以上の雇用見込みがある」場合は、原則として被保険者となります。ただし、次に掲げる労働者は除かれます。

●季節的に雇用される者であって、「４カ月以内の期間を定めて雇用される者」または「１週間の所定労働時間が30時間未満である者」
● 昼 間学生、船員など

②健康保険、厚生年金保険

適用事業所（従業員を使用する法人など）に使用される者は、次のいずれかに該当する場合を除き、原則として被保険者となります。

1）日々雇い入れられる者
2）２カ月以内の期間を定めて使用される者
3）季節的業務（４カ月以内）に使用される者
4）臨時的事業の事業所（６カ月以内）に使用される者
5）所在地が一定しない事業所に使用される者
6）パートタイマー、アルバイト等で、１週間の所定労働時間および１カ月の所定労働日数が同じ事業所の一般の労働者の４分の３未満である者

ただし、6）の場合であっても、常時501人以上の従業員を使用する事業所で、次のすべての要件を満たす場合は、被保険者となります。

・１週間の所定労働時間が20時間以上あること
・雇用期間が１年以上見込まれること
・賃金の月額が8.8万円以上であること
・学生でないこと

③介護保険

65歳以上の者（第１号被保険者）、および40歳以上65歳未満の医療保険（健康保険、国民健康保険）の加入者（第２号被保険者）が被保険者となります。第２号被保険者の介護保険料は、40歳になった月から、医療保険料と一体となって徴収されます。

なお、労働者災害補償保険においては、会社に雇用されるすべての従業員が保険給付の対象になり、従業員の保険料負担もないため、「被保

険者」という言葉が使われることはありません。

　また、雇用保険と労働者災害補償保険は、労働者を対象とした制度であるため、代表取締役などの役員は対象になりませんが、健康保険、厚生年金保険、介護保険は、会社の役員であっても、適用条件を満たせば加入が義務付けられています。

　雇用保険や社会保険の被保険者になると、月々支給される給与から各保険の保険料が徴収されます。すべての保険料を合算すると、給与総額の約15％に相当します。
　保険料負担が大きいため、パートタイマーの中には、「社会保険の被保険者になるのを避けるため、労働時間が一般の労働者の４分の３未満になるようにする」、あるいは「配偶者が加入する社会保険の被扶養者としての扱いを受けられるように、自分の年収が130万円以上にならないようにする」などして、働き方の調整をする人もいます。
　人事担当者は、個々のパートタイマーの要望などを聴いた上で、労働時間や就業日数などを個別に設定すること、あるいは、年末になって働き方の調整をしそうなパートタイマーの代替要員を早めに確保することなど、適切な対応ができるようになることが必要です。

 3　労働・社会保険の保険給付

　労働・社会保険は、次のような場合に、保険給付が行なわれます。

①雇用保険
　雇用保険は、労働者が失業した場合、および雇用の継続が困難となる事由が生じた場合に給付金の支給などを行ないます。
　雇用保険のうち、最もよく知られているものが、失業期間中に支給される「基本手当」（「失業保険」または「失業手当」などとも呼ばれる）です。これは、受給資格を満たした者が失業した場合、基本手当日額（在

職中の賃金1日分の50〜80％に相当する額。ただし、60〜65歳の受給者は45〜80％）の90〜150日分を支給するものです。

なお、倒産、整理解雇、労働契約が更新されなかったこと（雇止め）等の理由により失業した場合は最大330日分、障害者等の就職困難者の場合は最大360日分まで支給されます。

基本手当が支給される期間は、原則として、退職日の翌日から1年間で、この期間を過ぎると、所定給付日数（基本手当の支給を受けることができる日数）が残っていても基本手当を受け取ることはできません。

基本手当（求職者給付）の他にも、一定の要件を満たせば、失業者の再就職を促進するための「就職促進給付」も支給されます。

在職中の労働者に対しては、雇用の継続が困難となる事由が発生した場合に、一定の要件を満たせば「雇用継続給付」が支給されます。雇用継続給付には、高年齢雇用継続給付、育児休業給付、介護休業給付の3種類があります。

また、労働者の能力開発の取り組みを支援するため、所定の教育訓練を受講した場合に、その費用の一部が支給される「教育訓練給付」もあ

■**図表2-13　雇用保険（基本手当）の受給の流れ**

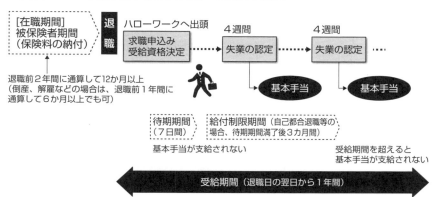

ります。この給付は、在職中の従業員、失業者の両方が対象になります。

②労働者災害補償保険（労災保険）

労働基準法は、従業員が業務で負傷したり、病気にかかったりした場合には、会社が療養費用を負担すること、休業時の賃金補償を行なうことを定めています。ところが、災害補償の負担は大きいため、会社に支払い能力がないと、従業員への補償が十分に行なわれないおそれがあります。

そこで、国が運営する保険制度に会社を強制加入させて、労働災害が生じたときには、そこから労働基準法等に定めてある補償と同じ給付を行なうことにしました。これが「労働者災害補償保険（労災保険）」です。

労災保険では、業務上の従業員の負傷、疾病、障害、死亡等に対して療養の支給や、休業期間中の給付金の支給等の保険給付などが行なわれ

■図表2-14　労災保険の保険給付の概要

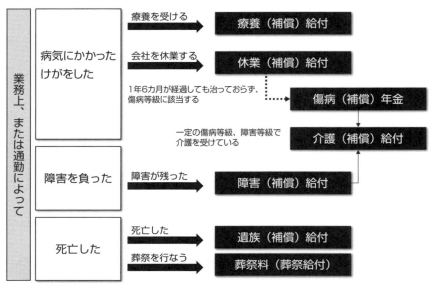

ます。

　例えば、業務上の負傷や病気の療養のために会社を休業し、その間の賃金が支払われない場合、休業4日目から、休業前に支払われていた賃金の約60％に相当する休業補償給付が支給されます（実際には、これに休業特別支給金が加算されて約80％に相当する補償が行なわれます）。

　通勤途上で負傷した場合についても、業務上の負傷とほぼ同じ保険給付が行なわれます。なお、通勤災害に対する保険給付は、会社が何かを償うわけではないので、業務災害による保険給付名から「補償」という言葉が外され、例えば「療養補償給付」は「療養給付」となります。

③健康保険

　健康保険とは、会社で働く従業員とその家族が加入する医療保険です。

　労災保険は業務・通勤災害による負傷や疾病等に保険給付を行ないますが、健康保険は、業務外の事由による疾病、負傷もしくは死亡または出産、およびその被扶養者の疾病、負傷、死亡または出産に関して保険給付を行ないます。

　健康保険の保険給付の代表的なものが、病院などに「健康保険被保険者証」を提示することによって、3割の自己負担で治療が受けられるという「療養の給付」です。健康保険は、私たちに最もなじみが深い社会保険といえるでしょう。

　私傷病の場合でも、欠勤して報酬が支払われない場合は、傷病手当金が支給されます。労災保険の休業補償給付と似ていますが、次の点が異なります。

●支給される前の待期期間として、会社を休んだ日が連続して3日間なければならない（労災保険の待期期間は、連続していなくてもよい）

●傷病手当金の支給期間は、支給開始日から最長1年6カ月となる

■図表2-15　傷病手当金の支給の流れ

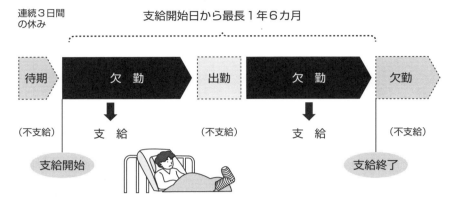

（労災保険は、休業している限り支給される。ただし、療養開始後1年6カ月経過した日以降に傷病補償年金に置き換わることがある）

健康保険は、全国健康保険組合が運営する「協会けんぽ」と健康保険組合が運営する「組合健保」とに分かれます。保険給付の内容は、両者で、ほぼ同じです。

④介護保険

介護保険制度は、高齢者等が介護を必要とする状態となっても自立した生活を営めるように必要なサービスを提供する仕組みで、2000年からスタートしました。

介護保険制度の運営主体（保険者）は市町村および東京23区で、加入する者（被保険者）は、市町村内に住所を有する「65歳以上の者（第1号被保険者）」または「40歳以上65歳未満の医療保険加入者（第2号被保険者）」となります。

被保険者のうちサービスが受けられるのは次の者です。

●65歳以上の者（第1号被保険者）
　寝たきりや認知症などで常時介護を必要とする状態（要介護状態）、または、常時介護は必要ないが身支度など日常生活に支援が必要な状態（要支援状態）になった場合にサービスが受けられます。

●40歳から64歳までの医療保険加入者（第2号被保険者）
　老化が原因とされる病気（特定疾病）により要介護状態や要支援状態になった場合にサービスが受けられます。

　介護保険のサービスは、要介護と判定された者が受けられる「介護給付」、要支援と判定された者が受けられる「予防給付」、および、それらに該当しない者が受けられる「地域支援事業」があります。

⑤厚生年金保険
　日本国内に住んでいる人は、一定の要件を満たすと、老齢になったとき、障害を有することになったとき、または死亡したときに、国から年金（公的年金）が支給されます（死亡の場合は、遺族に支給されます）。日本の公的年金は、20歳以上60歳未満の国民が加入して基礎年金を支給する「国民年金」がベースにあり、労働者は、さらに「厚生年金保険」に加入して、年金が上乗せされます。
　職業別に加入する公的年金を整理すると次のようになります。

●農業、自営業者等　→　国民年金
●会社の従業員　→　国民年金＋厚生年金保険
●公務員　→　国民年金＋厚生年金保険（2015年10月までは共済年金）
●従業員の被扶養配偶者　→　国民年金

　会社に勤務している従業員は、老齢、障害および死亡のときに、受給要件を満たしていれば、一定額の「国民年金（基礎年金）」と在職中の

■**図表2-16　老後の公的年金の支給イメージ**

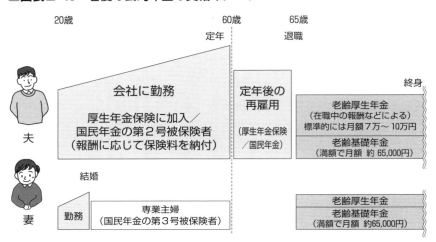

※上図は、一般的な年金の支給イメージを示したもので、実際の年金支給額は、被保険者期間や在職中の報酬によって異なる。

報酬に比例した「厚生年金」が支給されます。

なお、農業・自営業者や従業員の被扶養配偶者であっても、会社などに勤務した期間があれば、老齢になって年金を受けるときには、国民年金に加えて、勤務期間分の厚生年金が加算されます。

公的年金の中でも、65歳以降の主要な収入源となる「老齢基礎年金・老齢厚生年金」は、定年を間近に控えた従業員は高い関心を持っています。従業員からの質問にも対応できるように、人事担当者は、老齢基礎年金・厚生年金の支給開始年齢や支給額の計算方法などに関する基礎知識を身に付けておいたほうがいいでしょう。

厚生労働省「平成29年度の年金額改定について」によれば、労働者が老後に受け取る標準的な年金額（夫婦2人分の老齢基礎年金と老齢厚生年金の合算額）は、221,277円（月額）となっています。

4 従業員からの問い合わせに対する回答の例

　人事担当者は、従業員から労働・社会保険に関する問い合わせを受けることがあり、これに適切に対応できるようにしておくことが必要です。従業員からの問い合わせの具体例とその模範回答を挙げておきますので、参考にしてください。

Q_1

　自己都合退職だと、雇用保険の基本手当をもらうのに、3カ月以上かかってしまう。手当をすぐにもらいたいので、会社都合退職扱いで手続きを進めてもらえないか？

A1　ハローワークに提出する離職証明書には、会社としての取り扱いを正確に記入しなければならないので、会社は「自己都合退職」としてハローワークに届け出します。ただし、退職が自己都合か会社都合かを最終的に決めるのはハローワークとなりますので、会社都合退職扱いとなるかどうかは、ハローワークの職員と相談してみてください。

解説　退職する従業員から依頼されたからといって「会社都合退職」で処理すると、その者から「退職金も会社都合扱いにしてほしい」という要求がきたり、会社に支給されている助成金が支給停止になったりすることがあります。会社としては、安易に会社都合退職扱いとしてはいけません。

Q_2

　仕事でストレスが溜まって、うつ病を患ったようだ。会社が労災認定して、保険給付をもらえるようにしてもらえないか？

A2 （業務とうつ病の発症との間に関連性がない場合の回答）

　　もともと、労災の申請は従業員が自分自身で行なうもので、労災認定も労働基準監督署が行なうものです。ですから、あなた自身が労基署に労災の申請をすることが必要ですし、労災認定については、労基署の判断を待つしかありません。

　　会社としては、労基署から、労災認定に関する事実確認などがあれば、しっかり対応していきます。

解説　近年、療養や休業に対する保険給付をもらうために、このような要求をしてくる従業員や退職者が後を絶ちません。このような要求を安易に認めると、社内に噂が広まって同様の要求が多く寄せられるようになり、また、労基署からは労災を発生させた事業所として見られてしまいます。会社に非がないのであれば、毅然とした態度で、このような要求に対応することが必要です。

Q3

　　次の勤務先が決まってない状態で退職することになった。この場合、現在の健康保険とか厚生年金保険から抜けることになると思うが、医療保険や年金は、どうなるのか？

A3　医療保険については、一般的には、次のいずれかになります。

①配偶者や親などの被扶養者になって、その健康保険に加入する

②今の健康保険に「任意継続被保険者」として加入する（ただし、加入できるのは２年間のみで、保険料は全額自己負担となる）

③国民健康保険に加入する

　　できれば①がいいですが、配偶者などがいなければ、②の任意継続被保険者になるか、③の国民健康保険に加入するかを、保険料の負担を考えて選択すればいいでしょう。任意継続被保険者の保険料

は健康保険組合（または協会けんぽ）へ、国民健康保険の保険料は
お住まいの市町村へ、それぞれ問い合わせてみてください。

　年金については、配偶者の被扶養者（国民年金の第3号被保険者）
になるか、自分自身で国民年金に加入することになります。国民年
金に加入する場合は、自分で市町村の国民年金窓口に出向いて、手
続きをしなければいけません。

　なお、退職前に配偶者を扶養していた場合は、その配偶者を国民
年金に加入させる（被保険者の種別を変更する）手続きも必要とな
ります。国民年金の保険料は、2018年度は1人につき16,340円です。

　この手続きを怠ったり、国民年金の保険料を支払わなかったりす
ると、老後の年金の支給額が減ったり、支給されなくなったりする
可能性がありますので注意してください。

　解説　社会保険に関する従業員からの問い合わせとしては、これが一
番多いものと思われます。人事担当者は、しっかりとした受け答えがで
きるように準備しておくことが必要です。

Q4

　失業期間中に、雇用保険から支給される基本手当は、いくらぐらいか？
あるいは、健康保険が休業期間中に支給する保険給付はいくらぐらいか？

　A4　雇用保険や健康保険の保険給付の額は、その人の失業前または休
　　　業前にもらっていた給与の額によって異なります。おおよその目安
　　　として、雇用保険の基本手当は退職前の給与の約60％、健康保険の
　　　傷病手当金などは休業前の給与の約3分の2になります。

Q5

自分の定年退職後の公的年金は、いくらぐらいか？

119

A 5 年金の支給額は、在職期間や在職中の報酬額によって決まるため、人によって異なります。ご自宅に郵送される「ねんきん定期便」に老後に支給される年金の見込み額などが記載されているはずなので、それを参考にしてください。

解説　Q4、Q5ともに、従業員がもらっている報酬額により異なるので、はっきりした金額（例えば、「20万円程度」）は言わないほうがいいでしょう。「ねんきん定期便」を確認する、日本年金機構が運営する「ねんきんネット」で年金見込額の試算をするなど、老後の年金見込み額の確認方法などを伝えたりする程度にとどめておくのが無難です。

第3章

コミュニケーション能力を高めよう

3-1 人事の仕事とコミュニケーション

① 人事の仕事には不可欠な「コミュニケーション」

　人事の仕事は、「人」にかかわるものが多く、ほとんどの場面で相手とのコミュニケーションが発生します。例えば、採用業務であれば入社希望者への会社説明や採用面接など、労務にかかわる業務では労働組合との交渉や経営者や従業員への労働関連法令の説明など、人事担当者は、さまざまな立場の人とコミュニケーションをとらなければなりません。

　ですから人事担当者には、高いコミュニケーション能力が求められます。

　このように言うと、「私は話すことが苦手だから、人事には向かない」と思う人がいるかもしれません。

　しかし、そのようなことはありません。

　確かに、「話が得意なこと・上手に話すこと」は、コミュニケーション能力の一つですが、それがすべてではありません。むしろ人事の仕事におけるコミュニケーションでは、（話す能力よりも）「上手に聴く能力」、あるいは、「批判や秘密厳守などから生じるストレスに対処する能力」などが重要なのです。

　ここでは、人事の仕事におけるコミュニケーションの心構えや、仕事の場面に応じたコミュニケーションのポイントについて説明し、皆さんのコミュニケーション能力の向上に役立てていただきたいと思います。

122

2 コミュニケーションに必要な心構え

　人事担当者は、労働条件に関する社内調整会議や学生を対象にした企業説明会など、さまざまなコミュニケーションの場を設定し、そこで社内外の多様な立場の人を対象に説明、折衝などを行ないます。そのような場では、次の心構えが必要になります。

①相手、場所、時間（タイミング）を押さえる

　労働組合との団体交渉、新入社員の入社式など、人事担当者が設定するコミュニケーションの場では、経営層や従業員代表などの出席が必要であったり、多くの参加者が集まれる場所を必要としたりすることがあります。

　このようなコミュニケーションの場を設定するときには、出席が必要な人物（相手）、会議などを行なうのに適した場所、出席者が集まりやすい日時を決めて、それらを早めに確保する（場所やスケジュールを押さえてしまう）ことがポイントです。

　「相手」については、過去に行なわれた同様の会議の記録を見れば、絶対に出席が必要な人（コミュニケーションを行なう中心人物）がわかるでしょうから、まず、その人のスケジュールを押さえることが必要です。出席依頼は、メールのやりとりだけで済ませるのではなく、本人のところに行く、または電話をかけるなどの方法で、直接話をするほうがいいでしょう。

　「場所」については、出席者が余裕を持って座れる広さや座席数を確保できる部屋を押さえること、そして、コミュニケーションの内容に適した雰囲気の部屋を押さえることがポイントです。

　例えば、人事評価に関する個人面談を、広すぎる場所や人の往来があるオープンな場所で行なうと、自分も相手も落ち着かず、効果的なコミ

ュニケーションをとることができません。面談は小さめの会議室、集合研修や説明会は大きい研修室など、参加者数やコミュニケーションの内容に適した部屋を選ぶようにしましょう。

「時間」については、多くの人が参加しやすい、そして、コミュニケーションの内容にあった日時を選ぶことがポイントです。例えば、月曜の午前中は、職場の連絡会などが行なわれるため、多く人の参加が必要になる全社的な会議の開催は避けたほうが無難です。

また、参加者に会議案内のメールや文書を出すタイミングも重要です。重要な会議を明日やるというと、参加を依頼された人はスケジュール調整が大変です。できるだけ早めに（遅くとも1週間前には）スケジュールを確定して、参加者に案内するようにしましょう。

②事前準備をしっかりと行なう

どのようなコミュニケーションも、ぶっつけ本番・出たとこ勝負で行なうと、ほとんどの場合、うまくいきません。コミュニケーションを行なう前に、自分が話すべき内容を整理し、また相手が発言しそうなことやそれに対する自分の対応なども考えて、しっかりと準備しておくことが必要です。

例えば、労働条件に関する苦情を申し立ててきた従業員と面談するときには、事前に、その苦情に関連する法令や世間動向を調べて、説明する内容や方法を考えておかなければなりません。

また、参加者が意見を言い合ったり、最終的に何かを決定したりするような会議を行なうときには、関連資料を会議の数日前に配布して、各自に考えを整理してきてもらうようにするといいでしょう。

コミュニケーション能力の高さは、話すことが得意かどうかよりも、コミュニケーション前の準備を周到に行なうかどうかで決まるといっても過言ではありません。事前準備を十分に行なうことによって、誰もが

コミュニケーション能力が高い人になることができるのです。

③相手との良好な関係を築くことを考える

　コミュニケーションを「自分の言い分が通れば勝ち、通らなければ負け」というように勝ち負けで考える人がいます。しかし、人事担当者のコミュニケーションにおいて重要なことは、「どちらの言い分が通ったか」ではなく、「それぞれが相手の言い分を理解して、内容に納得することができたか」、あるいは「コミュニケーションを通して、自分と相手との間に良好な関係を築くことができたか」ということです。

　例えば、労働組合との団体交渉で、会社（人事部門）側の言い分が通ったとしても、労働者側の納得を得ることができず、労使関係が悪化すれば、コミュニケーションとしては「成功した」とはいえません。むしろ、会社側が少し譲歩して、労働者側の言い分を取り入れたほうが、労使間の信頼関係を深めることができて、会社の成長と安定に資する「効果的な」コミュニケーションになることもあります。

　コミュニケーションをとった後で、それが自分と相手との関係に及ぼす影響について、考えてみるように心がけましょう。これを繰り返すことによって、相手との良好な関係の構築に資するコミュニケーションが身に付きます。

④まずは相手の話を「聴く」、そして、言うべきことを「言う」

　コミュニケーションにおいて、自分が「言う」ことばかりを考える人がいますが、重要なのは、むしろ「聴く」ほうです。とくに人事担当者のコミュニケーションにおいて、相手の言い分をしっかりと聴くこと（傾聴すること）、そして、相手を理解しようとしている姿勢を示すことは、とても重要なことです。

　例えば、育児休業期間の延長について相談に来た従業員に対して、理由も聞かずに、「就業規則で認められていないから」「前例がないから」

と言って追い返してしまうことは、人事担当者のコミュニケーションとしては問題があります。おそらく、その従業員は、自分の言い分を聞いてもらえなかったことに対して不満を持ち、仕事に対するモチベーションや会社に対する貢献意欲を低下させてしまうことでしょう。

まず、その従業員が相談に来た理由をしっかりと聴いて、育児休業期間の延長を認めないという結論に達したとしても、他に取りうる手だてがないか、従業員と一緒になって考えようとする姿勢を示すことが重要です。相談に来た従業員にとっては、自分が置かれている状況を誰かに聴いてもらえたこと、状況改善について人事部門が考えてくれたことが、結論と同様に大きな意味を持つのです。

ただし、相手の話を聴いているだけでは、コミュニケーションは成立しません。

人事担当者として、従業員、労働組合、あるいは経営者や職場の管理職に対して、言うべきことはしっかりと言わなければなりません。とくに法令に違反する行為や職場の秩序を乱す行為に対しては、「認めることはできない」と毅然とした態度で正すことが必要です。

人事担当者は、新入社員、管理職、経営者など、さまざまな立場の相手とコミュニケーションをとります。ここで重要なことは、「コミュニケーションの相手によって、聴き方・話し方および言い回しや表現などは変えてもいいが、基本的な態度や話の内容を変えてはいけない」ということです。

例えば、ある質問事項について、従業員に対しては高圧的な態度で「ダメ」と回答し、経営者に対してはへりくだった態度で「何とかします」と回答するような人事担当者は、最終的には、誰からも信頼を得ることができなくなります。

⑤ 「言わない」ことも重要（「うそ」は絶対に言わない、秘密厳守）

人事担当者は、仕事をする上で、さまざまな知識や情報を頭にインプ

ットしなければなりません。しかし、自分の頭の中にある知識や情報を、何でもかんでも相手に伝えればいいわけではありません。人事の仕事をする中では、「知っているけど、言わないほうがいいこと」「言えないこと」が、たくさん出てきます。

例えば、「年次有給休暇を使い切りたいので、明日から退職日まで、ずっと休みたい」と、人事に相談に訪れた従業員がいたとします。確かに、このような休暇の取得の仕方も法律上は認めざるを得ませんが、そのことを従業員に伝えれば、そこで話が終わってしまいます。

こうした場合は、「休暇取得は、法律上認められる」という知識を持っていても、あえて相手に伝えず、「仕事の引継ぎは終わっているのか？」「上司や同僚に迷惑をかけないか？」などの質問しながら、相手と職場の双方にとってベストな解決策を探すべきです。

また、中途半端な知識や不確実な情報であれば、人事担当者は、相手に言うべきではありません。とくに「相手にとって良いこと・有利に働くこと」は、不確実な状態で言うことは禁物です。

例えば、「当社に育児休業中も賃金が100％支給されるルールがあるはず」と言っておきながら、実際には、そのようなルールが存在しなかったとなると、期待を裏切られた従業員は、人事担当者に対して大きな不信感や不満を抱きます。

どのようなコミュニケーションにおいても、「うそを言わない」ことは重要です。気を付けていただきたいのは、人事担当者の場合、「おそらく、こうだろう」と軽い気持ちで言った内容が間違っていると、従業員にとっては、それが「うそ」になってしまうということです。

ですから、人事担当者は、しっかりとした知識と信頼性の高い情報に基づいて発言するようにしなければいけません。曖昧な知識や情報のもとで「うそ」になりかねない発言をするぐらいならば、その場では何も言わずに、「すぐに調べて連絡します」と伝えるほうがいいのです。

人事担当者は、仕事の関係上、従業員の住所、年齢、給与などの個人情報、あるいは採用計画などの事業運営に関する重要な情報を取り扱いますが、当然のことながら、これらの情報については、「秘密厳守」としなければなりません。また、発表前の人事異動などに関する情報も、絶対に口外してはいけません。

　仕事において「秘密厳守（知っていても言ってはいけない／言わない）」を貫くことは、とてもストレスが溜まります。人事担当者は、このようなストレスにうまく対処する術を身に付けることも必要です。

■図表3-1　人事担当者のコミュニケーションのポイント

- 相手、場所、時間を押さえる
- 事前準備をしっかりと行なう
- 相手との良好な関係を築くことを考える
- まずは「聴く」、そして「言う」
- 「言わない」ことも重要

3-2 場面別コミュニケーションのポイント

　人事の仕事においては、労働条件に関する説明、採用面接など、さまざまな場面でコミュニケーションを行ないます。ここでは、場面ごとにコミュニケーションをとるときのポイントを解説します。

 1　上司や上級者への報告・連絡・相談

　日常業務の中で、困ったこと、わからないこと、自分では判断できないこと等があったら、なるべく早く、上司や上級者に報告・連絡・相談（ホウ・レン・ソウ）をするように心がけましょう。なお、このような問題が発生していなくても、上司への業務報告が定期的に求められている場合は、欠かさずにそれを行なうことが必要です。

　問題が発生したときに上司や上級者に報告・連絡・相談するときには、その問題の内容をしっかりと伝えることがポイントです。具体的にいえば、「５Ｗ１Ｈ」（いつ：When、どこで：Where、だれが：Who、何を：What、なぜ：Why、どのように：How）を盛り込むことを意識して、上司や上級者に発生している事実を正確に伝え、その上で、自分は「何が問題だと思うのか」「何がわからないのか」「どうするべきだと思うのか」を話して、指示や意見等を求めるようにします。

　「そもそも、自分は何を理解していないのかがわからない」「細かいことまで、いちいち相談していたら、上司の仕事の邪魔になる」などと勝手に思い込んで、上司などへの報告・連絡・相談をすることに躊躇する人がいますが、コミュニケーションをとる前から、このようなことを考えすぎないほうがいいのです。まずは、報告・連絡・相談をしてみて、

相手から「こんなこともわからないのか」と言われるようだったら、その人への報告・連絡・相談は、仕事に関する重要なものに絞り込みましょう。そして、細かいことを質問したり、日常的な相談をしたりする場合は、自分の話をしっかりと聴いてくれる相手（直属の上司や上級者以外の人でも可）を探すほうが賢明です。

　上司や上級者への報告・相談・連絡は、「なるべく早く（タイミングよく）」と「事実を正確に、隠さずに伝える（事実と自分の印象・意見を混ぜこぜにして離さない）」ことがポイントです。また、いくつか伝えるべきことがあるときには、「重要なこと、問題・トラブルになりそうなこと、言いにくいこと」から先に話すようにしましょう。

　そして、上司や上級者とのコミュニケーションがうまくとれるようにするためには、自分自身から相手に積極的に話しかけること、また、相手が声をかけやすい姿勢・態度を示すことを、日頃から心がけておくといいでしょう。

2 従業員や学生への説明・連絡（「１対多」のコミュニケーション）

　人事担当者は、仕事を進める上で、「従業員に対して改定される労働条件の説明をする」「学生に対して会社の紹介をする」など、さまざまな人に労働法令や会社に関することを説明するコミュニケーションを行ないます。

　このような説明のポイントは、「相手にあわせて、わかりやすく話す」ということです。

　例えば、新卒で入社したばかりに従業員に対して就業規則の説明をするときに、「入社の半年後に10日分の年次有給休暇が付与されます」と言っても、ほとんどの人が理解できません。「年次有給休暇」という言葉は、人事担当者にとっては耳慣れた言葉ですが、人事部門以外の従業

員（とくに新入社員）にとっては、あまり馴染みがない専門用語なのです。ですから、新入社員に説明するときには、「年次有給休暇」の意味から教えるべきで、例えば「自分の申請に基づいて休むことができる休暇が、入社の半年後に10日分与えられて、その休暇を取得しても給料は引かれない」などと、かみ砕いて説明することが必要です。

相手にわかりやすく話すためには、まず、話し手である自分自身が、説明する内容について十分な知識を持つようにしなければなりません。例えば、年次有給休暇について説明するのであれば、話し手は、それに関する労働基準法上の定めや社内での申請手続き等を理解しておくことが必要です。

人事担当者は、労働法などの内容について説明する機会が多くあります。このようなときには、試しに、法令の用語や条文を自分の言葉で言い換えてみるといいでしょう。言い換えができれば、自分がその法令について理解できているということになります。あとは、自分が言い換えた表現を使って相手に話せば、わかりやすい説明になります。

説明の場において、聞き手は、話し手の態度にも注目しています。話し手が横柄な態度を取ったり、逆にへりくだり過ぎたりすると、相手は、話を聴くことが不快になってしまい、話の内容を理解しようとする気もなくなってしまいます。

人事担当者は、「シンプルにわかりやすく、相手に不快感を与えない態度で、はっきりと伝える」ことを意識して、コミュニケーションをとるように心がけましょう。

③ 従業員との面談、下級者の指導（「１対１」のコミュニケーション）

人事担当者は、従業員から労働条件や処遇に関する苦情や相談を受けることがあります。その内容が問い合わせ程度の軽いものであれば、メ

ールや電話などで回答して、相手が納得すれば、コミュニケーションは終了します。しかし、メールや電話では済ませられない内容のとき、あるいは、メール等の回答では相手が納得しないときは、会議室等で相手と面談を行ない、十分に話し合うことが必要になります。

　面談のような個人を相手にしたコミュニケーションで重要なのは、相手の話をよく聴くこと（傾聴すること）です。

　例えば、従業員から「残業が多すぎる」という苦情を受けたときに、人事担当者が「36協定の範囲内だし、残業代も払っているので、何の問題もない」などとありきたりな回答をしても、その従業員は、おそらく納得しないでしょう。苦情を言ってきた従業員も、「業務命令だから仕方がない」ということは、おそらくわかっているはずです。それなのに、わざわざ人事担当者にまで言いに来た理由は、その従業員が「残業が多い現状を会社にわかってもらいたい」「今の自分の考えを誰かに話したい」ということにあります。

　したがって、このような場合、人事担当者は、労働基準法や就業規則に則った明確な回答をする前に、まずは、相手の言い分を十分に聴くこと（相手に話をさせること）が重要です。

　人事担当者に苦情を言いに訪れた従業員は、自分の意に沿わない結論になっても、自分の言い分を十分に聴いてもらいさえすれば、ある程度は納得します。逆に、人事担当者が話を十分に聴かないと、従業員は、自分の意に沿う結論になったとしても、何となく釈然としないところが残ってしまい納得できないものです。

　「相手の話をよく聴くこと」は、下級者を指導するときにも重要です。例えば、新入社員が同じようなミスを繰り返すときに、他の人が大勢いるような状況で叱ったところで、本人が落ち込むだけで、あまり状況は改善しません。こういう場合は、他の人がいない場所で、個人面談を行ない、ミスをした原因について本人に話をさせながら、今後の対策を本

人と上級者とが一緒に考えていくことが望ましいといえます。

　個人面談や個人指導を行なう場所は、小さめの会議室のような場所が最適です。広すぎる場所、あるいは他の人の出入りがあるような場所は、相手も自分も落ち着いて話すことができないため、このようなコミュニケーションには不向きです。

　コミュニケーションをとるときには、相手と自分が向かい合って座ると緊張が高まり、斜めに座ると緊張が和らぎます。

　例えば、自分の給料に対する苦情を申し入れてきた従業員に事情説明をするような、重たい内容のときには、相手と向かい合って座るといいでしょう。一方、新入社員の相談に乗るようなときには、相手と自分が「Ｌ字型」になるように、机の角を挟んで斜めに座ると、効果的にコミュニケーションをとることができます。

　「１対１」で面と向かってコミュニケーションをとる場合、話の内容と同様に、聴く・話すときの表情や態度（身振りなど）も相手にとって大きな意味を持ちます。相手が話してるときに、眠たそうな顔をしたり、指を落ち着きなく動かしたりすれば、自分がその話に興味を持っていないことが相手に伝わってしまいます。これでは、相手も話す気をなくしてしまいます。

　「目は口ほどに物を言う」ということわざもあります。まずは、自分が相手の話に関心を持ち、積極的に聴く態度を示さないと、相手は話してくれないものだと思ってください。

　ここで、相手に話をさせる、自分が話を聴いていることを態度で相手に示す上で効果があるテクニックをいくつか挙げておきましょう。

❶コミュニケーションは、相手の話から始めるようにする。まずは相手の話しやすい内容、答えやすい質問から尋ねてみる。

❷「閉じた質問」（はい／いいえで答えられる質問）よりも「開いた

質問」(「どのように／なぜ」と問いかけて、相手に状況や理由を説明してもらう質問)を多くする。

❸相手が話しているときには、意識して、うなずいたり、相づちを打ったりする。相手の話が長いときには、「要するに…ということですね」と確認する(相手に自分がしっかりと聴いていることを伝える)。

❹相手の目を見て話すことを基本としながら、適宜、自分の手持ち資料に視線を移すようにする(目を見続けていると相手も疲れてしまうため、あえて、相手が気を抜くことができるチャンスを与える)。

❺自分の意見や回答を話すときには、回りくどい言い方をせずに、明確に伝える。「できる／できない」「認める／認めない」などの回答を伝える場合は、最初に結論を伝えてから理由などを述べる。

近年は、「話すことが苦手なので、コミュニケーションは、メールで行ないたい」という従業員もいます。しかし、メールを使ったコミュニ

■**図表3-2　面談をうまく行なうテクニック**

・相手の話しやすい内容、答えやすい質問から始める

・開いた質問を多くする(相手に理由、状況を話させる)

・相手の話にうなずく、相づちを打つ

・相手の目を見て話し、適宜、手持ち資料に視線を移す

・回りくどい言い方をしない。回答は、結論から話す

ケーションは、相手の表情が見えず、口調も伝わらないため、時として大きな誤解が生じてしまうことがあります。

　人事に関するコミュニケーションは、軽い内容の問い合わせ以外は、なるべく、相手と直接会って話をしたほうがいいでしょう。

　なお、どうしてもメールでコミュニケーションをとらなければならない場合は、個人に宛てたメールでも、社内外に拡散される可能性があること、そして、メールの内容が自分の意図とは異なってとらえられてしまう可能性があることを認識した上で、内容や表現に十分に注意をすることが必要です。

 ## 4 入社希望者・学生を相手にした採用面接

　人事担当者であれば、入社希望者（とくに学生）に対して採用面接を行なうこともあるでしょう。

　採用面接では、入社希望者と面接官の双方が、ある程度の緊張感を保ちながらも、あまり飾らずに、落ち着いて話せるようにすることがポイントです。そこで、採用面接を行なう場所の設定が重要なポイントになります。できれば、入社希望者と面接官が一定の距離をおいて（または、テーブルを挟んで）、向い合って座れる場所があれば最適です。

　人事担当者が面接官になる場合に注意するべきなのは、「相手から何でもかんでも聞き出そうとしない」ということです。

　人事担当者が採用面接を行なうと、優秀な人材を採用したい（あるいは、問題がありそうな人材を採用したくない）と思う気持ちが強すぎて、プライバシーに踏み込んだ質問をしてしまったり、高圧的な態度をとってしまったりして、入社希望者との間でトラブルになってしまうことがあります。面接官を行なう場合には、入社希望者に普段通りに話してもらえるような質問をしたり、雰囲気づくりをしたりすることによって、会社と入社希望者との相性を見極めるようにすることが必要です。

なお、厚生労働省は、採用選考に当たって、本人の適性や能力に関係がない事項を応募用紙に記載させたり、面接で尋ねたりすることは、就職差別につながるおそれがあり、望ましくないものとしています。具体的には、人事担当者は、採用面接において次にかかわる事項を質問しないように注意することが必要です。

①本人に責任のない事項
　・本籍・出生地に関すること
　・家族に関すること（家族構成、職業、地位、学歴、収入など）
　・住宅状況に関すること
　・生活環境・家庭環境などに関すること

②本来自由であるべき事項（思想信条にかかわること）
　・宗教に関すること
　・支持政党に関すること
　・人生観、生活信条に関すること
　・尊敬する人物に関すること
　・思想に関すること
　・労働組合に関する情報、学生運動など社会運動に関すること
　・購読新聞・雑誌・愛読書などに関すること

　採用面接は、会社側が入社希望者の選考を行なう場であると同時に、入社希望者がこの会社に入社するかどうかを判断する場でもあります。人事担当者は、採用面接を「会社と入社希望者とのコミュニケーションの場」ととらえて、それが適切に行なわれるようにすることが重要です。

5 会議の運営（ファシリテーション）

　人事担当者は、人事施策についての検討会や役職登用者の選考会など、

社内のさまざまな会議を運営します。この場合、人事担当者は、次のような役割を担います。

❶会議の開催日時、場所を決定して、出席者に通知する。
❷会議に必要な資料などを準備する。必要に応じて、出席者に事前に配布する。
❸会議の場所を設営する。
❹会議の進行を行なう。
❺会議の結果を関係者に報告する。必要に応じて、議事録を作成し、出席者などに配布する。

　会議の運営を行なう場合、まず、その会議の趣旨や流れを大まかに考えてみるようにしましょう。「最終的に何らかの決定を行なうものか／意見を言い合うだけでよいのか」「議題について誰に説明してもらうのか／誰が反対意見を言いそうなのか」などを考え、それに応じて、会議を行なう場所のレイアウト、各出席者の座る位置、会議の進め方などを決めるようにします。このように最初に会議の全体像を想定してみると、事前準備や当日の議事を円滑に進めることができます。

　会議は、出席者が大人数でなければ、出席者がお互いに顔が見えるように、ロの字型のレイアウトで行なうといいでしょう。出席者が多い場合は、教室形式のレイアウトにして、発言者は会場の前方に座ってもらいます。少人数でアイデアを出し合う会議では、出席者が自由に席を変えられるように、椅子とホワイトボードだけを準備します。このように会議の性格に応じて会場のレイアウトにも工夫をすることが必要です。

　会議の議長や司会を行なう場合は、会議が円滑に進むように、議事の進行役に徹することが必要です。「提案事項の説明で20分間、質疑応答や意見交換で30分間、採決とまとめで10分間」という具合に、議事進行

の流れと大まかな時間配分を事前に考えておくといいでしょう。

議長や司会を行なうときには、次の点に気を付けることが必要です。

❶特定の人ばかりが話さないように注意する。話が長すぎる人は、手短に話をするように依頼する、逆に、自分の意見を言おうとしない人には、指名して話を聴いてみるなど、多くの出席者が発言できように気を配る。
❷出席者が自由に意見を言い合えるような雰囲気づくりを心掛ける。例えば、ある出席者が批判的な意見を言い出した場合は、その人の発言をいったん抑えて、別の参加者に意見を求めるなど、全体の流れを見ながら、会議をコントロールする。
❸意見が出尽くしたら、議論をまとめる。採決を行ない、結論を提示する。結論を出す必要がなければ、会議で出された意見を集約する。議論がまとまらないときには、次回の会議の開催と議題を決める。

■**図表3-3** コミュニケーションにおける座り方の例

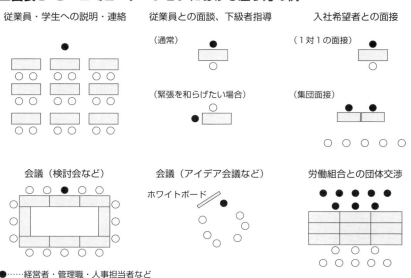

会議は、結論を出すことと同様に、出席者が議論に対して満足感を持ってもらうことも重要です。出席者に満足してもらえる会議を行なうには、「十分な事前準備」「円滑な議事進行」「明確な結果の提示」が必要です。会議を運営する立場になったときには、これらの3点をしっかりと行なうようにしましょう。

6　経営層への提言・プレゼンテーション

　人事担当者は、経営層に対して、「労働条件や人事制度の見直しを提言する」あるいは、「雇用情勢や人事管理のトレンドについて説明する」などのプレゼンテーションを行なうことがあります。

　プレゼンテーションをうまく行なえるかどうかによって、経営層の人事担当者に対する評価が大きく変わってきます。効果的なプレゼンテーションを行なう者は、「事業運営に役立つ人材」として重宝される一方で、プレゼンテーションが下手な者は、経営層からすれば「何をしたいのかわからない人」になってしまいます。

　今や、プレゼンテーション能力は、人事担当者にとって不可欠な能力となっています。

■**図表3-4　プレゼンテーションのパターン**

労働条件や人事制度に関する提言　　　　　雇用情勢や人事管理のトレンドの説明

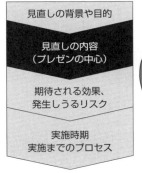

プレゼンテーション能力を高めるためには、基本的なパターン（【図表3-4】参照）を決めて、それに沿ったプレゼンテーションを数多くこなしていくようにするといいでしょう。

人事部門のプレゼンテーションは、経営層や現場の従業員からは「説明が長すぎる」「資料が多すぎる」と見られることが多いようです。人事担当者は、順守するべき労働法令や人事管理のトレンドなどを経営層や従業員に理解してもらおうとする思いが強いため、プレゼンテーションが丁寧になりすぎてしまう傾向があります。「説明は簡潔に、資料は少なめに」したほうが、経営層や従業員にとってわかりやすい、効果的なプレゼンテーションになります。

プレゼンテーション能力を向上させるためには、ある程度の場数を踏むことが不可欠です。プレッシャーがかからない相手にプレゼンテーションをするところから始めて、経験を積む中で、対象者や説明・提案内容のレベルを上げていくといいでしょう。

7 労働組合・従業員代表との交渉

人事担当者の役割の一つとして、「労働組合・従業員代表とコミュニケーションをとり、良好な労使関係を構築すること」が挙げられます。

労働組合とのコミュニケーションのうち最も重要なものは、労働条件に関する団体交渉です。とくに、毎年、2月から3月にかけて行なわれる「春闘（春季生活闘争）」は、次年度の賃上げをはじめとした労働条件に関する交渉が集中的に行なわれ、会社の経営や従業員の生活に大きな影響を及ぼす、重要なコミュニケーションになります。

労働組合・従業員代表とのコミュニケーションの特徴は、基本的には両者の利害が相反するということです。労働組合・従業員代表は「従業

140

■**図表3-5　団体交渉の流れ**

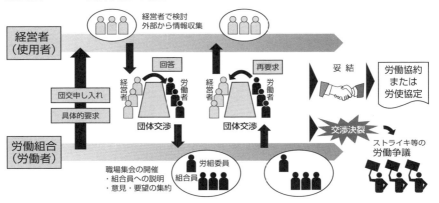

員の労働条件（とくに報酬）を改善すること」を、経営者側は「会社の利益を大きくすること」を、それぞれ優先します。もちろん、労働条件と利益の両方が改善されることが理想ですが、現実的には、それが難しいので、労使交渉を行なうのです。

　基本的に利害関係が相反する従業員側と経営者側とでコミュニケーションをとるわけですから、ときには言い争いになってしまったり、議論が平行線のまま進まなくなってしまったりすることもあります。人事担当者は、このような難しい局面を調整しながら労使交渉を進めて、最終的には何らかの結果を導き出さなければなりません。

　労使交渉では、人事担当者は、原則として「経営者側」の立場になります。「会社として、労働条件の改善はどこまで可能なのか？」「その労働条件で納得してもらうためには、労働組合にどのような説明をすればいいのか」などを経営者と一緒に検討し、時には経営者に代わって、労働組合に対して説明や提案などを行ないます。

　ところで、人事担当者も、会社から給料をもらって働いている以上、「一人の従業員」ですから、経営者側の席に座っていても、心の中では

従業員側の言い分を応援したくなることがあります。

　しかし、労使交渉は、あくまでも従業員側、経営者側という立場で行なうものであり、それぞれの立場を途中で崩すことは、議論の混乱を招くだけです。もし、労働条件などについて人事担当者が経営者を説得したいのであれば、労使交渉の前後に（労働組合がいないところで）行なわなければなりません。

　また、経営者は、労働組合が団体交渉を要求してきた場合に、正当な理由なく、それを拒むことは、「不当労働行為」として、法律で禁止されています（労働組合法第７条２号）。人事担当者は、このような労使間のコミュニケーションの基本的なルールも知っておかなければなりません。

　労使間のコミュニケーションにおいて重要なことは、「交渉の勝敗（どちらの言い分が通ったか）」ではなく、「真摯な話し合いを通じた良好な労使関係の維持・構築」にあります。良好な労使関係の維持・構築に資するコミュニケーションを図れるようにするためには、労働組合・従業員代表と経営者・人事担当者が、交渉の場に限らず、日頃から情報や意見の交換を行なっておくことが重要です。

3-3 コミュニケーション・ストレスへの対処法

人事担当者は、従業員から苦情や不満を聴かされたり、立場上、言いたいことでも口に出せなかったりすることがあります。このようなことが続くと、ストレスが溜まって、人とコミュニケーションをとること自体が嫌になってしまいます。

コミュニケーションが苦手と思っている人のほとんどは、「聴くこと／話すことがうまくできない」わけではなく、むしろ「コミュニケーションによりストレスを溜めることが嫌なため、苦手意識を持っている」というタイプです。こういう人は、コミュニケーションから生じるストレスに対処する方法を身に付けると、苦手意識が払拭されて、意外と簡単に「聴き上手・話し上手」になることができます。

ここでは、人事担当者が身に付けるべき、コミュニケーション・ストレスへの対処法を説明します。

1 ストレスに対処するときの基本的な考え方

人事の仕事において、人とコミュニケーションをとることは不可欠であり、その中でストレスを感じることは避けられません。

人事の仕事におけるコミュニケーションでは、「利害が相反する労使の間に立って『板挟み』の状態になる」「従業員の自分勝手な要求でも耳を傾ける」「自分が決めたこと以外でも責任を追及されることがある」……という具合に、ストレスを溜めこむ要素がたくさんあります。

ですから、人事担当者にとっては、「コミュニケーションにおいてストレスを溜めこまないこと」ではなく、「溜めこんだストレスを適切に解消すること」のほうが重要です。

コミュニケーション・ストレスへの対処が苦手な人は、ストレスを感じること自体を悪いことだととらえてしまったり、ストレスを溜めこむ状況をキツイ、ツライと思い込んでしまったりする傾向があります。

利害関係が相反する、価値観が異なる人とコミュンケーションをとるとストレスを感じることは、当然のことであって、別に悪いことではありません。また、ストレスが溜まっていくことも仕方がないことであって、その状況をキツイ・ツライと嘆いていても何も変わりません。

ストレスに対処するときには、基本的には「ストレスを感じたり、それを溜めこんだりすることは、自分が人事の仕事をしている証拠であって、決して悪いことではない」と考えるようにしてください。このような割り切りが、まず、人事担当者には必要です。その上で、次のようなストレス対処法を身に付けるようにしましょう。

● 1回1回のコミュニケーションにおいて溜めこむストレスをなるべく小さくする。
● 溜まったストレスを発散して、自分に害を及ぼさないようにする。

次に、これらのストレス対処法について紹介します。

2 アサーティブなコミュニケーションとは

コミュニケーションを取り合う相手と自分が、それぞれ自己表現する権利を持っていることを認めて、相手の話を素直に聴き、また、自分の意見を気兼ねすることなく主張することを、「アサーティブなコミュニケーション」といいます。

もともとは、1950年代のアメリカで心理療法の中から誕生した概念ですが、その後、コミュニケーションの基本的な考え方として広がり始め、近年の日本では、ストレスを軽減するコミュニケーション手法として、教育や看護、福祉などの対人サービス分野において広く取り入れられる

■図表3-6　コミュニケーションの3タイプ

	攻　撃　的	非　主　張　的	アサーティブ
特徴	強がり・尊大	引っ込み思案・卑屈	正直・率直
	相手を否定する	自分を押し殺す	自分も相手も尊重する
	一方的に主張する	黙る、相手まかせ	自己主張し、相手の話も聴く
傾向	自分の意見が通らないと、敗北感を持つ。相手に強く出る反面、常に不安を感じており、対人関係でストレスを溜め込みやすい。	自分を抑えこんでいるため、対人関係でストレスが溜まりやすい。相手の無理解に対して「怒り」を感じ、突発的にキレることがある。	相手の意見を聴きながら、自分の意見も主張する。強がることも、自分を抑え込むこともないので、ストレスを溜め込まない。

参考文献：『改訂版　アサーション・トレーニング　さわやかな〈自己表現〉のために』（平木典子　金子書房
　　　　　2009）

ようになっています。

　この考え方では、コミュニケーションのタイプを次の3つに区分します。

①攻撃的

　自分の意見を強く主張して、相手の言い分に耳を貸さないタイプ。コミュニケーションにおいて「勝ち負け」を重視し、自分の意見が通らないと、大声で威嚇するなどして、相手に攻撃的な態度を示す。対人関係において、相手を疲弊させる一方で、「強く主張しなければならない」というプレッシャーを常に抱えており、自分もストレスを溜めこんでしまうことになる。

②非主張的

　自信がない、あるいは議論するのが面倒臭いため、自分の意見をあまり主張せず、相手の言い分にあわせようとするタイプ。自分の考えや思いを表に出さないためにストレスを溜めこみ、それが限界を超えると、「こんなに我慢しているのに、周囲の人は自分のことを理解してくれない」と突然キレてしまうことがある。

③アサーティブ

相手の言い分を聴くが、自分の意見も素直に主張するタイプ。「相手と自分は別個の存在である」と割り切っており、相手の言い分を過度に気にすること、また相手に遠慮して自分の意見を言わないことが少ない。そのため、対人関係において溜めこまれるストレスが小さく、良好なコミュニケーションをとり続けることができる。

人事担当者は、コミュニケーションの相手が経営者や現場の管理職のときは「非主張的」になりがちで、一方、従業員のときは「攻撃的」になりがちです。しかし、それを続けていると、自分自身が大きなストレスを溜めこんでしまいます。

例えば、経営者が労働法に違反するような指示をしたときに黙って従ってしまうような「非主張的」な人事担当者は、「自分は間違ったことをしている」という思いから、大きなストレスを抱えてしまいます。

一方、「攻撃的」な人事担当者は、就業規則の内容を上回る要求をしてきた従業員に対して、「ダメなものはダメだ」などと言って拒否するものの、「自分は従業員から嫌われているのではないか」「相手が反撃してきたらどうしよう」という不安から大きなストレスを抱えこんでしまいます。

これらのストレスを小さくするためには、前者の場合であれば「経営陣のお考えはわかりますが、法律にこのように定められていので、それはできません」と自分の意見を言うことが必要ですし、後者の場合であれば、自分の意見を言う前に相手の話を聴くようにすることが必要です。

人事担当者は、基本的に、常に「アサーティブ」な態度で人に接するべきです。相手が経営者であろうが、従業員であろうが、その地位にかかわらずに「一人の人間」としての言い分を聴き、また、自分も、「一人の人事担当者」として意見を述べることが望ましいといえます。

もちろん、会社の中では、それぞれの立場がありますから、それを踏

まえた上でコミュニケーションをとることは必要ですが、「相手の言い分を聴く」「自分の意見を主張する」という、コミュニケーションの基本的なスタンスは、常に心がけておくべきです。そして、このような基本的なスタンスを心がけることによって、ストレスを溜めこまないコミュニケーションをとることができます。

③ アサーティブなコミュニケーションのとり方

人事担当者が「アサーティブなコミュニケーション」をとれるようにするためには、日頃から次のようなことを心がけるといいでしょう。

①相手と自分の「話す権利」「話さない権利」を尊重する
相手も、自分も、自由に考え、思いを巡らし、それを言葉や態度で表現する権利を持っています。その権利を認めるだけで、コミュニケーションにおけるストレスは、大幅に軽減されます。

例えば、人事担当者は、就業規則違反を繰り返す従業員から「就業規則のほうがおかしい」と言われることがあります。こういうとき、「従業員が自分勝手なことばかり言う」と決め付けてしまうと、そこでストレスを溜めこんでしまいます。

しかし、「就業規則のほうがおかしい」と思うこと自体は、従業員の自由であって、人事担当者にはそれを止める権利はありません。そのように考えると、「人事からすれば自分勝手と思える主張であっても、それは、その従業員が意見を言う権利を行使しているのであって、別に悪いことではない」と、その状況を冷静にとらえられるようになります。このようなとらえ方ができるようになると、人事担当者がコミュニケーションにおいて抱えこむストレスは小さくなります。

また、自分の意見や要望を話さない従業員とコミュニケーションをとるときにも、何とか話をさせようとすると苦労し、そこから人事担当者

がストレスを溜めこんでしまいます。しかし、「話したくない」と思うことも、実際に話さないことも、その従業員の自由であり、権利でもあります。ですから、人事担当者は、「話さないことも、その従業員の自己表現の一つ」ととらえればいいのであって、そうすると、相手が話さないことから生じるストレスは軽減されます。

　同様に、自分自身にも、「話す権利」や「話さない権利」があると考えましょう。

　コミュンケーションの相手が、経営者であっても、上司であっても、自分が思ったことを話すのは自由です。思っていることを言わずに、相手の言いなりになっていると、自分自身がストレスを溜めこんでしまいます。相手から「生意気なやつだ」と思われようが、自分の考えや思いを話したいのであれば、素直に話してみればいいのです。

　中には、人事担当者が意見を言うと、「経営陣（あるいは、現場）の言うことが聞けないのか」と攻撃してくる相手もいます。そういう相手には、あえて話す必要はありません。「本音ではこう思っているけど、この人に言っても無駄だから話さないでおこう」と考えることも、話し手の自由です。

　「相手を恐れて話さないこと」と「自分の意見を持ちつつ、あえて相手に話さないこと」とは、まったく異なります。前者は、自分の考えや思いを抑えてしまうため、そこからストレスが生じますが、後者は、「意見を持つこと」も「相手に話さないこと」も自分が主体的に行なっていることなので、大きなストレスを感じないのです。

②相手のコミュニケーションタイプを見極めて、対応する

　コミュニケーションのタイプとして、「攻撃的」「非主張的」「アサーティブ」の３つを挙げましたが、相手が、どのタイプに属するのかを見極めて、それによって、自分のコミュニケーションのとり方（言い回しや態度など）を工夫してみることも効果的です。

例えば、相手が「攻撃的」なタイプだと、自分が「アサーティブ」な態度で接しようとしても、相手は、自分の意見を聴こうとはしてくれないかもしれません。こういうときには、「あなたの意見のこの部分は理解できます」と相手の意見に賛同できる点を最初に述べた上で、「しかし、この点については、自分はこう思います」と、後から自分の考えや思いを伝えると、比較的スムーズに話すことができます。

　相手が「非主張的」なタイプであれば、「自分は、このように思うけど、あなたはどう思いますか？」と、最初に自分の意見を伝えて、そこから、相手の考えや思いを聴くようにするといいでしょう。

　コミュニケーションは、相手と自分との間で、言葉のキャッチボールをするようなものです。相手が自分の投げたボールをキャッチしなかったり、相手がボールを投げようとしなかったりすることがあるかもしれません。そのときに、「キャッチボールがうまくできない」とストレスを感じるのではなく、相手のタイプに合わせたキャッチボールをするように心がければいいのです。

③相手が受け取りやすい言い方をする、代替案を示す

　自分の考えや思いを言うときには、相手が受け取りやすい言い方をするほうが、コミュニケーションがスムーズに進み、相手も自分もストレスを感じることがありません。

　相手が受け取りやすい言い方をするためには、最初に、相手と自分との間の共有できる考えや思いを確認することが効果的です。

　例えば、過重労働防止のために月々の残業時間の上限を設定しようとする場合、人事担当者が「来月から50時間以上の残業を禁止します」と言うだけでは、現場の管理職や従業員としては釈然としません。

　まず、「毎月、平均何時間の残業が行なわれているのか」そして「長時間残業により、どのような問題が生じているのか」など、人事担当者と現場との間で現状の問題を共有した上で、人事の意見として「残業時

間の上限設定」の提案をすれば、現場も提案内容の重要性を理解し、協力しようという気持ちが生じるでしょう。

なお、人事担当者が話す内容は、規則やルールが関係するものが多いため、どうしても「〜しなければならない」「〜べきだ」「〜はできない」という義務的・強制的な言い回しが多くなりがちです。しかし、このような言い回しは、相手にとっては「上から目線」と感じられて、心情的に受け取りにくいものとなってしまいます。

同じ内容のことを言うのであっても、「〜したほうがメリットがある」「〜しよう」「〜は避けてください」という誘導、注意を喚起するような言い回しのほうが、相手は受け取りやすく、望ましいといえます。

例えば、経営者から「ダラダラ残業をしている従業員には、手当を支払うな」という指示を受けた場合、人事担当者は「それは労働基準法に違反するので、できません」と言わなければなりません。しかし、それだけで終わると、経営者は「人事は、反対するだけで何もしない」と思われてしまいます。このような場合は、「残業手当の支給停止はできませんが、ダラダラ残業撲滅のために、このような取り組みをします」などと、代替案を提示するようにしましょう。

コミュニケーションの相手からの指示・要望などを拒否するときには、なるべく自分から代替案を示すこと（少なくとも、相手と一緒に代替案を考える姿勢を見せること）。これも、「アサーティブなコミュニケーション」をとる上で、心がけてほしいことです。

 4 他人に話してストレスを発散する（ストレスを話せる友人を持つ）

「アサーティブなコミュニケーション」によって、ストレスが軽減されるといっても、それが完全に解消されるわけではありません。1回の

コミュニケーションで生じるストレスが小さくても、回数を重ねれば、それが蓄積されて、大きなストレスになってしまいます。

　ですから、人事担当者は、コミュニケーションを通じて溜めこんだストレスを定期的に発散して、小さくすることが必要になります。

　コミュニケーションを通じて溜めこんだストレスを発散する最も効果的な方法は、それを誰かに話して、聴いてもらうことです。「従業員の勝手な言い分を黙って聴いているのがツライ」、「自分がアサーティブに伝えようしても、経営者は人の話をまったく聴こうとしない」など、日頃のコミュニケーションの中で溜めこんだストレスを誰かに話すだけで、だいぶ気持ちが軽くなるはずです。

　自分のストレスについての話を聴いてもらう相手は、上司や先輩社員でもいいのですが、同じ会社の人間には対人関係に関する悩みは話しにくいですし、また、話し相手から余計なアドバイスを受けると、逆にストレスを溜めこむことにもなりかねません。そういう意味では、他社で人事の仕事をしている、年齢が近い友人が、話し相手としては最も適しています。

　こういう話し相手を得るためには、社外のセミナーに参加するなどして、年齢が近い人と名刺交換をして人脈を広げておくことをおすすめします。セミナーが終わってから、コミュニケーションを通して感じるストレスをお互いに話し、聴き合って、それでスッキリするようならば、定期的に悩みを話し合う機会を作るようにすればいいのです。

　仕事の悩みについて話せる友人を社外に持つことは、ストレスを発散する上で、とても効果的です。

151

3-4 コミュニケーション能力向上のために

　人事の仕事にはコミュニケーションが「つきもの」なので、人事担当者は、その能力を向上させることが求められます。コミュニケーション能力を向上させるためには、次の2点が重要です。

1 コミュニケーションの機会があれば積極的に挑戦する

　コミュニケーション能力は、経験を増やすことによって、上達していきます。従業員との面談も、経営者にプレゼンすることも、場数を経験して「慣れる」ことにより、うまくなっていくものなのです。

　ですから、人事担当者は、自らのコミュニケーション能力を試す機会があれば、積極的に挑戦していくようにしましょう。

　仮に、そのコミュニケーションがうまくいかなかった（自分の言いたいことが相手に伝わらなかった、相手の話を十分に聴けなかった）としても、その経験を、次のコミュニケーションに生かせばいいのです。

　失敗を恐れずにコミュニケーションの機会を増やすことが、能力向上のために不可欠なのです。

2 うまいと思う人のコミュニケーションの仕方を真似する

　周囲を見回すと、コミュニケーションが上手な人も、下手な人もいます。ですから、コミュニケーションがうまいと思う人の聴き方や話し方を真似して、逆に、下手だと思う人のコミュニケーションにならないように注意すればいいのです。

　例えば、セミナーや講演会に参加したら、話の内容だけではなくて、

講師の話し方にも注目してみましょう。また、テレビを見ているときには、司会がうまい人の話し方やフリップの書き方にも注目してみましょう。電車に乗っているときには、車内広告の表現方法にも注目してみましょう。

このように、コミュニケーションを上達させる題材は、その気になれば、身の回りの至る所に発見できます。そのような題材からヒントを得て、自分がコミュニケーションをとるときに、実際に試してみるといいでしょう。

うまいと思う人の真似をしているうちに、そのコミュニケーションの仕方が、自分のものになっていきます。そうすると、自分でも「うまく話せた、聴けた」と思えるようになるので、コミュニケーションに対する自信が付きます。これを繰り返していけば、コミュニケーション能力は大きく向上します。

第4章

問題発見・解決能力を 高めよう

4-1 問題発見・解決の基本的な考え方

　人事担当者の主要な役割として、人に関する問題を発見し、それを解決することが挙げられます。この役割をまっとうするために、人事担当者は、自らの問題発見・解決能力を高めることが必要不可欠です。
　ここでは、人事担当者が身に付けておくべき問題発見・解決能力について解説します。

1 「問題」とは何か？

　一般的に、自分の思い通りに物事が進まないとき、あるいは、改善するべき点を発見したときに、「問題がある」といいます。ここでいう問題とは、「理想・あるべき姿と現状との間のギャップ（乖離）」ととらえることができます。
　例えば、10人の従業員が必要なときに7人しか確保できない場合、3人分の労働力が不足していること（ギャップ）を「問題」ととらえます。

■**図表4-1　問題のとらえ方**

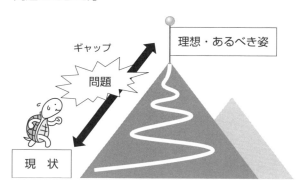

2 問題発見・解決のステップ

問題を「理想・あるべき姿と現状との間のギャップ」ととらえると、問題発見・解決には、次のステップが必要になることがわかります。

①「理想・あるべき姿」を明確にする

まずは、「理想・あるべき姿」が明確にされていなければなりません。しかも、「現状」とのギャップをとらえるという点から考えると、この「理想・あるべき姿」は、抽象的なイメージではなく、具体的、かつデータや事実としてとらえられるものでなければなりません。

②「現状」を正確に把握する

「現状」は、具体的に、かつ事実として正確に把握されていなければなりません。「問題」を認めたくない人は、「現状」を実際よりも良くとらえてしまいます。逆に、何としてでも「問題」を明らかにしたいと思う人は、「現状」を過度に悪くとらえてしまいます。「現状」が正確に把握されていないと、「問題」が過小もしくは過大に評価されてしまいます。

③「理想・あるべき姿」と「現状」とのギャップ（＝問題）を示す

「理想・あるべき姿」と「現状」が数値で表されていれば、「問題」は、両者の差として示すことができます。しかし、どちらか一方、または両者を数値で表すことができなければ、誰もが理解できるようにギャップを示すことは簡単ではありません。「イメージしやすい例を挙げる」「図などを使って視覚的に表す」など、工夫を施すことが必要です。

④「問題」を発生させている要因があれば、それを明らかにする

「問題」を解決するということは、「理想・あるべき姿」と「現状」の間のギャップを解消すること、つまり、「現状」を「理想」に近付ける

ことを指します。そのためには、「現状」と「理想」とのギャップを生み出しているもの、つまり、問題を発生させている要因を明らかにして、それを改善することが必要です。

⑤「問題」を解決する仕組みなどを導入する

　問題解決は、「こうするべきだ」という方向性を提示するだけではダメで、具体的な取り組みを常日頃から実施することによって実現されるものです。問題解決に向けて、「問題」の要因を発生させない仕組みを導入すること、あるいは、「理想・あるべき姿」を実現するための具体策・スケジュールを策定して実施することなどが必要です。

　これらの５つのステップは、①から③までの「問題発見」、④と⑤の「問題解決」の２段階に分けることができます。次項以降で、それぞれの段階で実施するべきことを見ていきましょう。

■**図表4-2　問題発見・解決のステップ**

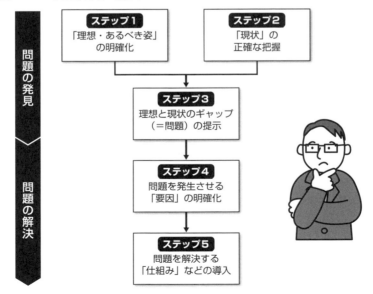

4-2 問題発見段階の進め方

問題発見段階において、人事担当者は、次の3ステップを行ないます。
- ●理想・あるべき姿の明確化
- ●現状の把握
- ●理想・あるべき姿と現状とのギャップ（＝問題）の提示

1 理想・あるべき姿の明確化

理想・あるべき姿とは、「会社全体として目指している状態」「経営者、従業員双方にとって望ましい状態」を指します。人事担当者は、主に次の方法で、この理想・あるべき姿を明確化します。

①経営方針や戦略をブレークダウンする

経営者から聴いた経営方針、あるいは事業計画に示された経営戦略などに基づいて、会社としての理想・あるべき姿を明確化（ブレークダウン）します。

例えば、事業計画において「5年後に売上高ＸＸ億円を達成する」という経営目標が掲げられれば、それを実現する会社の姿（従業員数、業務内容など）を具体的に示します。

②従業員の声や要望などをまとめる

従業員は「こういう職場で働きたい」「こういう仕事をしたい」という要望を持っています。それらをまとめて、会社として目指す姿を明確化します。

例えば、従業員アンケート等を行ない、その結果、多くの従業員が「風

通しの良い職場で、生き生きと働きたい」という要望を持っているのであれば、その職場の具体的な状態（上司と部下が気軽に話せる、気兼ねなく休暇が取れるなど）を示すようにします。

③社会の動き（法改正や人事労務管理の潮流など）に対応する

　経営方針や従業員の意見などの「社内の声」以外に、人事労務管理の潮流や法改正などの「社会の動き」をとらえて、それにあわせて会社の理想・あるべき姿を思い描くことも必要です。

　例えば、「働き方改革」が社会的な潮流になり、それに関する法改正が予定されているのであれば、人事担当者は、そのような社会の動きに対応した自社の状態を理想・あるべき姿として打ち出すことができます。

 2　現状の把握

　次に、「（理想・あるべき姿に対して）現状がどのようになっているのか」ということを的確に把握することが必要です。

　現状は、業績や状態を示すデータや数値などを使って、できる限り定量的に示すことが重要です。例えば、「生き生きした職場かどうか」ということを把握するためには、「従業員から覇気が感じられない」のような感覚的なとらえ方ではなく、「若年層の自己都合退職者数」や「業務効率のための改善提案件数」などの数値の変化で定量的にとらえたほうが、客観的かつ明確な現状把握となります。

　近年の人事労務管理においては、パソコンの表計算ソフトやインターネットに掲載された情報などを活用して、科学的なデータ分析が積極的に行なわれるようになってきました。人事担当者は、パソコン活用スキルや統計的手法に関する知識を身に付けて、データや情報を活用した現状把握ができるようになることも求められるようになっています。なお、これらについては170ページからの本章4-5「データ分析能力の向上のために」で触れています。

③ 理想・あるべき姿と現状とのギャップ（＝問題）の提示

「理想・あるべき姿」と「現状」を明確にすることができたら、両者のギャップを「問題」として提示します。

ここで重要なことは、社内のさまざまな人（経営者、現場の管理職、従業員など）が、それを自分たちの問題として共有してもらえるようにすることです。

人事労務管理にかかわる問題は、基本的に、経営者の理解と従業員の協力がなければ解決することはできません。ですから、人事担当者は、経営者や従業員に問題をわかりやすく提示し、「一致団結して、その問題を解決する」という意識を社内に広げることが必要です。

理想・あるべき姿と現状とのギャップを過度に大きく示してしまうと、経営者などに「理想があまりに高すぎて（あるいは当社の現状が悪すぎて）、この問題を解決することはできない」と感じさせてしまいます。

逆に、ギャップを小さく示しすぎると、「この問題を解決したところで、現状が大きく変わるわけではない」と思われてしまいます。このような問題の提示の仕方では、問題解決に向けて、経営者や現場の従業員からの理解と協力を得ることはできません。

多くの人に「『理想・あるべき姿』が実現されれば、現状が大きく改善される。それは、困難なことではあるが、実現不可能なことではない」と思わせるように問題を提示することは、問題解決に向けて重要なステップとなります。このステップを効果的に実施するためには、次の点に気を付けて、経営者や従業員に問題を提示するといいでしょう。

①理想・あるべき姿と現状とのギャップは、なるべく数値で示す

例えば、"従業員満足度が低い"ではなく、"従業員満足度の平均点を0.5点アップすることが望ましい"という形で問題を提示します。

②理想・あるべき姿を一気に実現することが困難な場合は、当面の目標を段階的に示す

　例えば、"残業をゼロにする"ではなく、"残業を現状の半分にする"という形で問題を提示します。

③「現状が悪い」という否定的な表現ではなく、「理想・あるべき姿に近付ける」という肯定的な表現を用いて、問題を提示する

　例えば、"離職率が高く、社内にノウハウが蓄積されない"ではなく、"定着率を改善することによって、社内にノウハウを蓄積することができる。そのためには、労働条件の改善が必要"という形で問題を提示します。

4-3 問題解決段階の進め方

　問題の解決とは、「理想・あるべき姿」と「現状」の間のギャップを生み出している要因を解消することを意味します。例えば、「残業時間が長い」という問題の解決は、「残業時間を短くする」ではなく、「残業時間を長くしている要因を取り除く」ということなのです。

　したがって、問題解決段階において、人事担当者は、次の2つのステップを行ないます。

- ●問題を発生させている要因の明確化
- ●問題を解決する仕組みなどの導入

 ## 1 問題を発生させている要因の明確化

　問題の根底には、「現状」を「理想・あるべき姿」から遠ざけている要因が存在します。

　問題を発生させている要因は、「客観的事実としてとらえることが困難なもの」あるいは「その職場では『当然のこと』と思われているもの」が多く、見落とされてしまいがちです。しかし、この問題を発生させている要因を明確化して、それを解消しない限り、本当の意味で、問題を解決したことにはなりません。

　問題を発生させている要因を明確化するときには、「なぜ、そうなるのか？」という質問を何度も繰り返し、「現状」を掘り下げていくようにするといいでしょう。

　例えば、「残業時間が長い」という問題については、「なぜ、残業が長くなるのか？」と質問する、その答えが「上司や同僚を残して、自分だ

け帰りにくい」ということであれば、「なぜ、帰りにくいのか？」と質問する……という具合に、「なぜ？」を繰り返していきます。このように「現状」を掘り下げていくことによって、問題を発生させている従業員の意識や言動が見えてきますので、それを「問題の要因」ととらえて、解消することを考えるのです。

　問題の発生要因を明確化するときには、現場の従業員にも協力してもらい、「なぜ、そうなるのか？」という意見などを言い合うブレイン・ストーミング（複数の人が集まり、提示されたテーマについて、自由に意見を述べて、良いアイデアを導き出す手法）を行なってみたり、「なぜ？」を繰り返して現状を掘り下げていくプロセスを図示したりするといいでしょう。

■**図表4-3**　問題の発生要因の明確化と問題解決の仕組みの導入

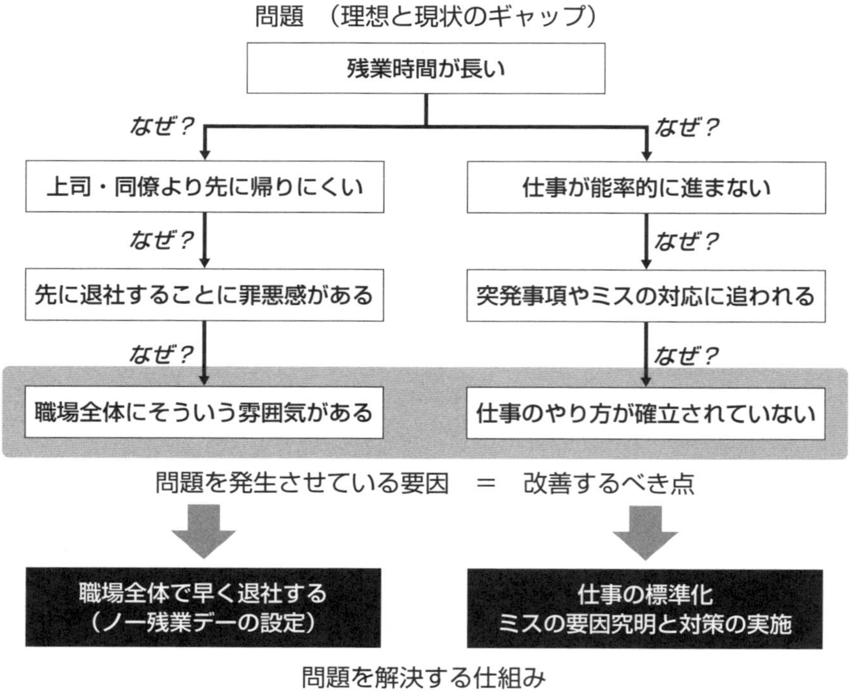

問題　（理想と現状のギャップ）

残業時間が長い

なぜ？		*なぜ？*

上司・同僚より先に帰りにくい		仕事が能率的に進まない

なぜ？		*なぜ？*

先に退社することに罪悪感がある		突発事項やミスの対応に追われる

なぜ？		*なぜ？*

職場全体にそういう雰囲気がある		仕事のやり方が確立されていない

問題を発生させている要因　＝　改善するべき点

職場全体で早く退社する（ノー残業デーの設定）	仕事の標準化　ミスの要因究明と対策の実施

問題を解決する仕組み

2　問題を解決する仕組みなどの導入

　問題の解決には、「問題の要因を発生させない仕組みを導入すること」、あるいは「『理想・あるべき姿』を実現するための具体策・スケジュールを策定して実施すること」などが必要です。
　これらの仕組みや具体策などは、実現可能で、その効果が事実としてとらえられるものであるべきです。
　問題解決策を行なうときに、ビジネス誌に掲載されていた先進企業の取り組みなどを真似したがる人もいますが、このようなやり方は、多くの場合、うまくいきません。「他社において、どういう仕組みや施策が行なわれているのか」ということではなく、「自社の問題解決には、どのような仕組みや施策の導入・実施が適しているのか」という観点から、社内で徹底的に検討してみることが望ましいといえます。

　また、問題解決のための仕組みや施策は、最初から「完全なもの」を目指す必要はありません。むしろ、「不完全なもの」であっても、まずは導入・実施してみて、そこで新たに問題が発生すれば、その対処を繰り返していくほうが実践的かつ効果的です。
　問題の発生要因を解消して、現時点における問題を解決しても、経営環境が変化すれば、「理想・あるべき姿」も変化し、そこから、新たな問題が生じます。したがって、問題が解決されている状態を持続させるためには、大々的な問題解決を数年おきに行なうのではなく、小さな問題解決が常に行なわれている状態（導入された仕組みの調整が都度行なわれている状態、新たな施策が頻繁に試行されている状態）を作り上げたほうがいいのです。
　「経営者や従業員に問題を提示して、現場をうまく巻きこみながら、問題解決を図っていく」――人事担当者は、このような問題解決能力を高めていくことが必要です。

4-4 場面別トラブルなどへの対処法

ここでは、日常業務の中で発生するさまざまなトラブルなどについて、人事担当者としてとるべき対応について説明します。

 1 問題社員への対応

会社にはさまざまな人がいますから、中には、次のような問題社員が出現することがあります。

- ●無断欠勤や遅刻を繰り返す
- ●勤務時間中に頻繁に私用（メールなど）をする
- ●上司の指示に従わない。職場の同僚に対して迷惑行為を行なう
- ●会社の備品を無断で持ち出したり、自分の所有物にしたりする
- ●労使で定めたルールなどに対するクレームを何度も付けてくる

職場から「問題社員がいる」という相談などを受けた場合、人事担当者は、まず、事実関係についての正確な情報を集めることが必要になります。例えば、迷惑行為を繰り返している従業員については、「いつ、誰に対して、どのような迷惑行為を行なったのか」「その行為に対して、会社は、どのような注意を行なったのか」などの事実を記録し、第三者が見てもわかるように情報として整理しておくことが必要です。

その上で、職場の上司などとも対応を相談し、人事部門として、本人にしっかりと注意をします。ここでは収集した事実に関する情報を提示して、迷惑行為をすぐにやめるように、本人に対して言い渡します。

ここで重要なのは、問題社員には、人事部門として毅然とした態度で

接することです。中途半端な態度をとると、問題社員が図に乗って、かえって迷惑行為などがエスカレートすることがあります。

問題社員が、人事部門の注意を聞き入れず、迷惑行為が続いた場合、あらためて人事部門の中で対応を検討します。

この段階まで来ると、問題社員に対して制裁措置を下すこともありえます。問題社員の行為が就業規則に定められている制裁措置のどれに該当するのかを明確にし、必要であれば、制裁委員会の実施や労働組合への説明などを行なった上で、しっかりと対応していかなければなりません。問題社員への対応がうまくいかないと、訴訟などに発展することもありえます。このような事態にも備えて、事実に関する情報をしっかりと整理するとともに、必要であれば、労務トラブルに詳しい弁護士などのアドバイスを受けながら、的確な対応をしていくことが必要です。

② 外部機関（労働基準監督署など）の立ち入り調査への対応

人事部門は、労働基準監督署などの外部機関から立ち入り調査を受けることがあります。

外部機関の立ち入り調査は、大きく分ければ、「（従業員から労務問題に関する情報提供を受けて）事実関係を調べるために行なわれるもの」と「労務管理や雇用の状況を確認するために行なわれるもの」の2種類があります。いずれの調査であっても、会社としては調査にできる限り協力して、要求された情報やデータは、隠さず、ごまかさずに提供するようにしましょう。

立ち入り調査の実施に当たり、外部機関が調査内容に関する何らかの情報などを入手している場合もあります。外部機関が入手した情報と会社が提供した情報との内容に食い違いがある場合は厳しく追及され、そこで会社が虚偽の情報を提供したことが発覚すると大きな問題に発展してしまいます。外部機関の立ち入り調査が実施されるとの連絡があった

時点で、人事担当者としては、腹をくくり、調査に全面的に協力することを考えなければいけません。

　労働基準監督署の立ち入り調査（臨検監督）において、法令違反が認められたときには、会社に対して「是正勧告」が行なわれることがあります。この場合、会社は、指定された期限内に是正措置を講じなければなりません。
　また、外部機関の立ち入り検査が行なわれると、「外部に情報を流したのは誰か」という犯人探しが社内で始まることがあります。仮に、情報提供者が特定できたとしても、その従業員に何らかの不利益な取り扱いを行なうと、それが新たなトラブルのもとになります。人事部門としては、社内で犯人探しが行なわれないように注意することが必要です。

　社内でトラブルが発生した場合、人事担当者として考えるべきことは「そのトラブルを、的確かつなるべく早く解決すること」そして「トラブルを広げない、新たなトラブルを生み出さないようにすること」です。ですから、外部機関の立ち入り調査が行なわれる場合、会社としては無駄な抵抗をせずに、情報提供に協力し、指示された是正措置を講じて、早期に事態を収束させることが求められます。

３ セクハラ・パワハラへの対応

　セクハラ（セクシュアル・ハラスメント）やパワハラ（パワー・ハラスメント）は、社内トラブルの中でも大変多いものです。
　従業員から、セクハラ、パワハラに関する相談があったときには、人事関係者は、まず、その事実に関する情報を収集しなければなりません。ハラスメントに関する相談をした従業員、そしてハラスメント行為をしたとされる従業員から事情を聴取して、事実関係を確認します。
　なお、相談者と行為者とされる者との間で事実関係に関する主張に不

一致があり、事実の確認が十分にできない場合には、第三者からも事実関係を聴取する等の措置を講じます。

　ここで注意しなければならないことは、相談者、行為者とされる者双方のプライバシーを守ることです。事実関係を確認するために第三者の意見を聴取しすぎると、そこから情報が洩れて、職場でさまざまな憶測や噂が飛び交い、相談者がより深く傷つくことになってしまいます。

　ハラスメントに関する事実関係が確認できたら、速やかに被害者に対する配慮の措置、および行為者に対する措置を適正に行ない、かつ人事部門として再発防止策を講じることが必要です。

4 インターネット上の悪評被害への対応

　近年、インターネットを通じて、会社や従業員に関する悪評を流されるというトラブルも多発しています。人事関連では、例えば、求人サイトの掲示版に「面接でひどい扱いを受けた」などのうその情報を流されて、会社のイメージが損なわれるケースなどがあります。

　このようなトラブルが発生した場合、慌ててインターネット上の悪評を消そうとしたり、その悪評を打ち消すような情報を会社から流そうとしたりすることは禁物です。そのような行為は、かえって悪評を流した者やインターネット上の炎上騒ぎを面白がる者を刺激して、より多くの悪評が流される可能性が高いからです。

　まずは、社内で事実確認を行ない、その悪評が事実無根であることがわかったら、会社のホームページなどで「その情報が事実無根であること」を世間に明確に示し、その上で、求人サイトや掲示板サイトを運営する会社などに情報の削除を請求するといいでしょう。

　なお、悪評を流した者を特定して損害賠償を請求することも可能ですが、このような会社の行為が、インターネット上で新たな悪評を広げることにもなりかねないので、慎重な対応が必要です。

4-5 データ分析能力の向上のために

　問題発見・解決をするためには、理想や現状を数値やグラフで示すこと、あるいは、データを分析して問題の要因を明らかにすることなどが必要です。

　近年、パソコンの表計算ソフトが進歩して、人事データの分析やグラフ化が誰でも簡単にできるようになりました。また、インターネットの普及により、賃金水準などに関する統計データが自分の席に座ったまま無料で入手できるようになりました。パソコンやインターネットなどのＩＴツールを使いこなし、情報・データを収集、分析することは、今や、人事担当者にとって不可欠なスキルとなっています。

　ここでは、人事担当者が身に付けておくべき基礎的な経営指標の見方や統計的手法の活用方法を学びましょう。

1 基礎的な経営指標の見方を身に付ける

　人事担当者の中には、「人事管理のことは詳しいが、財務分析は苦手」という人が結構います。こういう人は、たいがい、財務分析を大げさにとらえすぎです。「人事施策を検討する上で、経営の現状を把握しておこう」という軽い気持ちで、基礎的な経営指標を見るようにすれば、誰でも簡単に財務分析を行なうことができます。

　経営の現状を把握するためには、会社の「売上高」と「利益」をチェックすることが必要です。なお、会社が作成する損益計算書（会社の１年間の収益や費用を示した財務諸表）において、「利益」は、「売上総利益」「営業利益」「経常利益」などの数種類が表示されます。人事担当者がと

くにチェックするべき利益は、各年度の本業における利益を示す「営業利益」になります。

売上高や営業利益は、2つの視点からチェックします。

1つ目の視点は、売上高や営業利益の時系列での推移、つまり年々増えてきているのか、また、その増え方が大きくなってきているのか、ということです。これは「成長性の分析」といわれます。例えば、ここ数年、売上高が着実に増えてきているのであれば、会社は安定的に成長しており、望ましい状態にあると考えられます。

もう1つの視点は、その年度の売上高と営業利益の比率、つまり、売上高に対して利益が多いのか、少ないのか、ということです。これが「収益性の分析」で、売上高と営業利益の比率は「売上高営業利益率」（ま

■**図表4-4　損益計算書における売上高と利益**

区　　　分	算式	含まれているもの
◎　売上高	a	一定期間内（通常は1年間）の収益
売上原価	b	原材料費、仕入高、製造にかかる人件費など
売上総利益	c＝a－b	会社の「儲け」
販売及び一般管理費	d	販売、管理部門の人件費、経費など
◎　営業利益	e＝c－d	本業で稼ぎ出した利益
営業外収益	f	利息の受取や支払い等、本業以外の収益や費用
営業外費用	g	
経常利益	h＝e＋f－g	通常の事業活動で稼いだ利益
特別利益	i	その年度に限り、一時的に発生した収益や費用
特別損失	j	
税引前当期純利益	k＝h＋i－j	法人税等を支払う前の利益
法人税、住民税及び事業税	l	税金等の支払い費用等
法人税等調整額	m	課税所得と利益との差額調整
当期純利益	n＝k－l－m	税金を支払った後に残る最終的な利益

◎は、人事担当者が、とくにチェックしておくべき項目

171

たは営業利益率）と呼ばれます。例えば、自社の営業利益率が同業他社よりも高かったら、効率の良い事業を行なっている（少ないコストで利益を稼いでいる）ことを示しており、望ましい状態にあるといえます。

さて、人事担当者の場合、成長性（売上高増加率、利益増加率）と収益性（営業利益率）の他にもチェックしてもらいたい経営指標があります。それは「労働生産性」と「労働分配率」で、それぞれ次の式で算出します。

労働生産性 ＝ 付加価値 ÷ 従業員数

労働分配率 ＝ 人件費 ÷ 付加価値 ×100　（％）

労働生産性とは、いわば、「従業員一人あたりの付加価値（＝儲け）」を示す指標で、数値が高いほど効率良く事業運営を行なっていることになります。一方、労働分配率とは、「会社の付加価値（＝儲け）に占める人件費の比率」であって、数値が低いほど人件費以外の部分に儲けを配分している（資金的な余裕がある）ものと考えられます。

なお、「付加価値」や「人件費」という科目は、損益計算書には示されていません。付加価値とは、次の式で算出した金額で、その会社が新たに生み出した価値（＝儲け）ととらえられます。

付加価値＝売上高－外部購入価値（原材料費や仕入れ高などのコスト）

また、人件費とは、その会社が「人」に関して支払っているコスト全体を指します。ですから、月々支払っている給与、賞与、退職金に関する費用（企業年金の掛け金など）および会社が負担している社会保険料などの総額です（人事担当者であれば、賃金台帳などを使って全従業員の賃金支給額を合計して、人件費を算出することもできます）。

172

具体的な例を挙げてみましょう。従業員数10人の会社で、売上高が1億2,000万円、原材料費や仕入れ高などのコストが3,000万円であったとします。

　この場合、付加価値は、9,000万円（＝1億2,000万円－3,000万円）となり、労働生産性は900万円（＝9,000万円÷10人）になります。

　さらに、人件費が5,000万円であれば、労働分配率は55.6％（＝5,000万円÷9,000万円×100）になります

　自社の労働生産性や労働分配率を算出することができたら、同業他社の水準と比較してみるといいでしょう。経済産業省「企業活動基本調査」には、産業別に集計した労働生産性や労働分配率のデータが掲載されています。これと自社の数値を比較することにより、自社の労働生産性や労働分配率が同業他社と比べて高いのかどうかがわかります。

　また、これらの数値について特定の会社（上場企業）と比較したいと

■図表4-5　産業別　労働生産性と労働分配率

	労働生産性（万円）	労働分配率（％）
合計	863.2	48.8
製造業	1,136.8	47.7
電気・ガス業	3,591.8	20.6
情報通信業	993.0	56.7
卸売業	1,001.6	50.9
小売業	497.6	49.7
クレジットカード業、割賦金融業	1,542.3	30.1
物品賃貸業	1,862.7	24.6
学術研究、専門・技術サービス業	1,001.1	60.8
飲食サービス業	234.0	61.9
生活関連サービス業、娯楽業	515.8	46.3
個人教授所	303.3	64.4
サービス業	447.0	70.3

資料出所：経済産業省「平成29年　企業活動基本調査」（平成28年度実績）より、抜粋。
労働生産性＝付加価値額÷常時従業者数、労働分配率＝給与総額÷付加価値額×100

きには、その会社の「有価証券報告書」（投資家などに対して経営状況を報告した資料。金融庁が運営する「EDINET」から無料で入手できる）に掲載されている損益計算書を見ればいいでしょう。

2 統計データを使って賃金水準などの分析を行なう

厚生労働省は、毎年、賃金水準に関する統計調査（賃金構造基本統計調査）を実施しており、その結果をインターネットで公表しています。これと自社のデータを比較すれば、自社の賃金水準が高いのかどうかがわかります。

この分析を行なうときに注意していただきたいことが、「用語の定義」です。「賃金構造基本統計調査」では、給与を次のように区分しています。

●所定内給与額

所定労働時間働いた場合に支給される1カ月分の給与。基本給以外にも役職手当や家族手当などの諸手当（ただし、時間外手当は除く）も含まれます。

●きまって支給する現金給与額

就業規則などによってあらかじめ定められている支給条件、算定方法によって支給される1カ月分の現金給与額で、所定内給与額に時間外手当などを加えたものです。

●年間賞与その他特別給与額

調査の前年1年間に支給された賞与などの合計額を指します。

自社の月例給与について時間外手当を含まない金額で分析したいときには「賃金構造基本統計調査」の「所定内給与額」を、時間外手当を含んだ金額で分析したいときには「きまって支給する現金給与額」を参照

174

するようにしなければなりません。

また、「きまって支給する現金給与額×12（カ月分）＋年間賞与その他特別給与額」を算出すれば、1年間に支払われる給与と賞与の総額（つまり「年収」）の水準がわかります。

なお、この調査で表示されている給与や賞与の金額は、「手取り額」ではなく、源泉所得税や社会保険料などを控除する前の「総支給額」を指しています。

「賃金構造基本統計調査」は、産業分類別、学歴別、企業規模別、役職別など、さまざまな分類でデータが表示されています。自社が属する産業、および自社に近い企業規模のデータを使うようにしたほうが、的確な賃金分析になります。

この統計調査以外にも、中央労働委員会「賃金事情等総合調査」や東

■**図表4-6　年齢階級別　賃金水準のデータ**

区　分	男　性							女　性						
	年齢	勤続年数	所定内実労働時間数	超過実労働時間数	きまって支給する現金給与額	所定内給与額	年間賞与その他特別給与額	年齢	勤続年数	所定内実労働時間数	超過実労働時間数	きまって支給する現金給与額	所定内給与額	年間賞与その他特別給与額
	歳	年	時間	時間	千円	千円	千円	歳	年	時間	時間	千円	千円	千円
合計	43.3	13.5	166	16	371.3	335.5	1061.8	41.1	9.4	163	8	263.6	246.1	615.0
〜19歳	19.1	1.0	168	16	204.3	179.4	158.3	19.1	0.9	169	9	181.0	169.0	94.1
20〜24歳	23.0	2.3	167	18	242.3	210.5	407.2	23.0	2.0	166	9	219.4	202.5	337.4
25〜29歳	27.6	4.6	166	21	288.9	248.1	710.1	27.4	4.1	164	11	247.2	225.9	571.7
30〜34歳	32.5	7.4	166	20	333.9	289.0	902.2	32.5	6.6	162	9	262.2	241.6	619.1
35〜39歳	37.6	10.3	166	19	368.0	324.1	1036.9	37.6	8.7	162	8	272.1	254.0	660.6
40〜44歳	42.6	13.8	166	17	399.8	358.7	1184.8	42.6	10.6	162	8	280.4	262.4	716.2
45〜49歳	47.4	17.4	166	15	431.8	394.7	1381.5	47.5	12.1	163	8	286.4	268.2	736.1
50〜54歳	52.5	20.8	166	13	456.5	424.0	1536.2	52.4	13.4	163	8	286.7	270.0	729.8
55〜59歳	57.4	22.6	166	12	440.1	412.2	1415.1	57.4	15.6	163	7	277.6	262.9	699.5
60〜64歳	62.3	19.2	165	9	311.1	294.1	687.6	62.2	15.8	162	5	234.4	224.3	438.0
65〜69歳	67.2	14.8	167	8	274.7	261.0	351.5	67.2	16.1	163	5	227.7	220.1	309.0
70歳〜	73.3	17.2	165	6	280.5	270.8	246.5	73.3	20.0	161	3	234.8	229.9	353.3

資料出所：厚生労働省「賃金構造基本統計調査（平成29年）」　産業計、学歴計、企業規模計（従業員10人以上）のデータ

175

京都「中小企業の賃金（・退職金）事情」などでも、賃金に関する統計データが掲載されています。

　なお、厚生労働省「賃金構造基本統計調査」は、原則として、対象となる労働者のデータを平均したもの（実在者賃金）ですが、中央労働委員会や東京都の統計データには、「30歳、係長、扶養家族２人」のように特定の条件に該当する者の賃金（モデル賃金）も示されています。役職や扶養家族の条件を設定した状態で賃金水準の分析を行ないたいときには、中央労働委員会や東京都の統計データなどを使うといいでしょう。

　官公庁や各種機関が公表する統計データを見れば、賃金水準以外にも諸手当の支給状況、労働時間や休暇に関すること、労働市場に関することなどもわかります。

　例えば、労働市場に関するデータは、総務省「労働力調査」の完全失業率（労働力人口に占める失業者の割合）や厚生労働省「職業安定業務統計」の有効求人倍率（求人数を求職者で割った比率）を見るようにします。

　一般的には、完全失業率が3.0％以下、有効求人倍率が1.0以上であれば、企業側が採用しようとしている人員に対して労働者が不足している状況（企業側からすれば、人材が採用しにくい状況）といえます。

　人事担当者は、このような労働市場の状況も把握した上で、自社の採用計画や人事施策を検討していくことが重要です。

　また、厚生労働省の「就労条件総合調査」を見れば、所定労働時間や年次有給休暇取得の状況などのデータも入手できます。

　人事担当者がチェックするべき主要な統計データを【図表４-８】に掲載しました。これらのデータを定期的にチェックして、世間の動きを把握することにより、自社の問題発見・解決に役立てることができるようにしましょう。

■図表4-7　性別・学歴別　年収水準

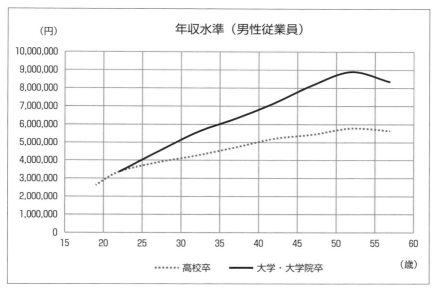

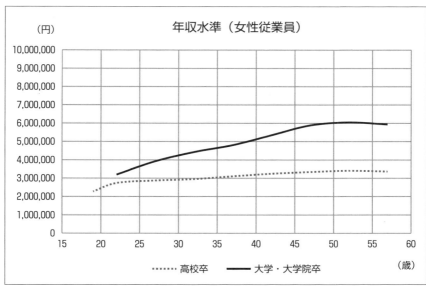

資料出所：厚生労働省「賃金構造基本統計調査（平成28年）」
　　　　　データは、「産業計・企業規模計（10人以上）」のもの
　　　　　年収は「きまって支給する現金給与額×12＋年間賞与その他特別給与額」で算出

なお、政府統計ポータルサイト「e-Stat」には、各省庁が実施した統計調査の結果がまとめて掲載されてます。上記以外のデータをチェックしたいときには、まず「e-Stat」で検索するといいでしょう。

 ③ パソコンを使って統計的手法によるデータ分析を行なう

　パソコンの表計算ソフトを使えば、統計的手法を活用したデータ分析を簡単に行なうことができます。ここでは、マイクロソフト社の「Excel」を使った基本的なデータ分析について説明します。

①統計的手法の基本的な考え方（代表値と散らばりのとらえ方）
　「統計的手法」とは、「多くのデータが集まったものの特徴や傾向を数字によって表現すること」といえます。例えば、自社の全従業員の賃金の特徴や傾向を数字でとらえることができれば、業界の賃金水準と客観的に比較したり、各従業員の賃金の将来予測を行なったりすることが可能になり、問題発見・解決能力が大幅に向上します。

　統計的手法では、データの特徴・傾向を２種類の数字で表現します。１つは、データ全体を代表する値（代表値）で、一般的には「平均値」が用いられます。もう１つは、データ全体の散らばり度合いを示す値で、これは「標準偏差」がよく用いられます。
　やや細かい説明になりますが、標準偏差とは、「各データと平均値との差を二乗したものの平均（分散）の平方根」として算出される値です。データが正規分布（平均値を中心に釣り鐘型にデータが分布している状態）の場合、「平均値±標準偏差」の範囲内に全データの68％が含まれているという性質があります。
　つまり、標準偏差の値が小さければ、平均値周辺にデータが集中しており、逆にそれが大きければ、データが広範囲に散らばっていることになります。

■**図表4-8** 人事担当者がチェックするべき主要な統計データ

区分	チェックすること	データが掲載されている統計調査	頻度
賃金水準に関すること	（年齢階級・学歴別、産業別）賃金水準など	厚生労働省「賃金構造基本統計調査」	毎年
	モデル賃金	中央労働委員会「賃金事情等総合調査（賃金事情調査）」	毎年
		東京都産業労働局「中小企業の賃金事情」	毎年
	モデル退職金	中央労働委員会「賃金事情等総合調査（退職金、年金及び定年制事情調査)」	2年に1回
		東京都産業労働局「中小企業の賃金・退職金事情」	2年に1回
人事制度に関すること	賃金の形態（時給制、月給制など）	厚生労働省「就労条件総合調査」	毎年実施されるが、年により調査項目が異なる
	諸手当の支給状況など		
	定年制		
賃上げに関すること	賃金の改定額、改定率など	厚生労働省「賃金引上げ等の実態に関する調査」	毎年
	定期昇給、ベースアップの実施状況	経済産業省「企業の賃上げ動向等に関するフォローアップ調査」	毎年
賞与に関すること	賞与の支給額など	厚生労働省「民間主要企業夏季（年末）一時金妥結状況」	毎年
	賞与支給額、考課幅など	日本経団連「夏季・冬季賞与・一時金調査結果」	毎年
労働時間、休暇に関すること	所定労働時間、年間休日数など	厚生労働省「就労条件総合調査」	毎年
	月間労働時間（所定内・外労働時間など）	厚生労働省「毎月勤労統計調査」	毎月
労働市場に関すること	完全失業率	総務省「労働力調査」	毎月
	有効求人倍率	厚生労働省「職業安定業務統計」	毎月

平均値と標準偏差の使い方を具体的に見てみましょう。

【図表4-9】は、A部門、B部門（ともに従業員10人）の人事評価の点数（1〜5までの5段階評価で、5が最も良い）の一覧表です。A部門の平均点は4.00点、標準偏差は0.45。それに対し、B部門は平均点3.00点、標準偏差1.10でした。もし、A部門とB部門の評価分布の差が評価者である部門長の違いによって生じているのであれば、A部門の部門長は、B部門の部門長よりも評価が甘く、さらに「部下に優劣を付けたくない」と考えている可能性があります。このまま放置すると、A部門が「ぬるま湯状態」になって、業績が悪化するなどの問題が生じるかもしれません。

■**図表4-9　A部門・B部門の評価点の分布**

	A部門	B部門
ア	5	5
イ	4	4
ウ	4	4
エ	4	3
オ	4	3
カ	4	3
キ	4	3
ク	4	2
ケ	4	2
コ	3	1
平均点	4.00	3.00
標準偏差	0.45	1.10

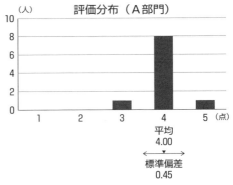

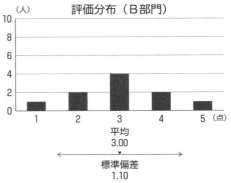

このような結果が導き出されたときには、人事としては、部門長を集めて評価者研修を行なうなどの問題解決策を講じることが必要です。

　このように平均値や標準偏差を見て、それぞれのデータの集まりの特徴や傾向がわかれば、そこからさまざまな問題を発見することができて、問題の解決策を検討することもできます。

　なお、平均値以外にもデータ全体を代表する値が、また、標準偏差以外にもデータの散らばり度合いを示す値があります（【図表4-10】）。これらについてもエクセルの関数式を使えば簡単に算出できますので、人事担当者は、これらを効果的に使ってデータの特徴や傾向を把握できるように、日頃から訓練しておくようにしましょう。

■**図表4-10　主な代表値、散らばりを示す値**

区分	名称	算式・定義	Excelの関数式
代表値	平均値	全データの合計値÷データの個数	=AVERAGE（データ領域）
	中位数（中央値）	データを大きさの順に並べたときに中央に位置する値	=MEDIAN（データ領域）
	最頻値（並数）	データを複数の区間（階級）に区切った場合、データの数が最も多い階級に対する値	=MODE（データ領域）
散らばりを示す値	標準偏差	$S = \sqrt{\dfrac{1}{n}\sum_{i=1}^{n}(X_i - \mu)^2}$ n：データの個数、xi：各データ、μ：平均	=STDEV.P（データ領域）
	最大値（最小値）	データの中の最大（最小）の値	=MAX（データ領域）=MIN（データ領域）
	四分位数	データを小さい順に並べて、含まれるデータの個数が等しくなるように四つの節に分けたとき、それぞれの節の境目にある数値	=QUARTILE（データ領域,1）※下位25%の数値を示す場合は「1」、上位25%の場合は「3」

②散布図による賃金分析

　賃金を分析するときも、統計的手法の基本的な考え方と同様に、賃金の平均額（賃金水準）と散らばり度合い（格差構造）の2つの視点から特徴をとらえるようにします。

　一般的には、賃金水準を高くすれば、優秀な人材を確保できる可能性が高まりますが、一方で、人件費は高くなります。

　つまり、賃金水準はその会社の人材獲得力やコスト競争力に影響を与えるものなのです。

　一方、賃金の格差を大きくすれば、個人の成果によって報酬に差がつく状態になり、従業員の間に競争意識が強まります（ただし競争が厳しすぎて、ギスギスした組織風土になるかもしれません）。

　つまり、格差構造は、その会社の従業員意識や組織風土に影響を与えるものなのです。

　例えば、「同業他社よりも人件費負担が重く、業績が低迷している」という問題が発生していれば、その要因は「高すぎる賃金水準」にあるかもしれません。

　一方、「従業員同士のチームワークが弱く、退職者が増加し、業績も悪化している」という問題が発生していれば、その要因は「大きすぎる賃金格差」にあるかもしれません。このように賃金の水準と格差構造を見ることによって、自社の現状や問題との関係性を明確化することが、賃金分析の正しい進め方といえます。

　賃金の水準と格差構造をとらえるためには、「年齢別　賃金散布図」を作成するといいでしょう。

　賃金散布図とは、横軸に年齢、縦軸に賃金（または年収）をとった座標軸上に、従業員一人ひとりを点で示したグラフです。この図を見れば、自社の賃金水準がどれくらいなのか、また、賃金の幅（格差）がどれくらいあるのか、視覚的にとらえることができます。

　「Excel」では、従業員の年齢と賃金のデータを入力した領域を範囲指

■**図表4-11 年齢別 賃金散布図**

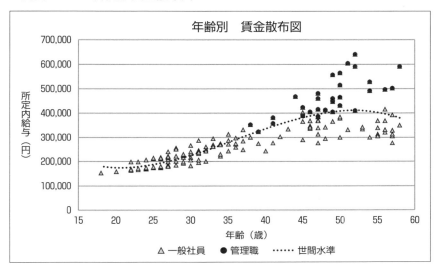

定した状態で、［挿入］→［グラフ］→［散布図（マーカーのみ）］と選択すれば、自働的にグラフが表示されます。なお、【図表4-11】のように、一般社員と管理職の点の種類を変えるときには、一般社員の賃金が入力された列の隣の列に管理職の賃金のデータを入力します。

また、【図表4-11】では、厚生労働省「賃金構造基本統計調査」の年齢階級別の所定内給与額を、「世間水準」として点線で示しています。つまり、点線より上の従業員が世間水準よりも賃金が高いことになります。

散布図は、賃金分析以外にもさまざまなデータ分析において使われます。人事担当者は、散布図の作成およびその見方に慣れておいて、それを使った的確な分析ができるようにスキルを高めることが必要です。

③回帰分析を使った必要従業員数の算出

「回帰分析」とは、$(X_1、Y_1)$、$(X_2、Y_2)$……のように組になったデ

ータが複数あるとき、一方のデータ（X）と他方のデータ（Y）との関係性を分析し、あるXに対するYの値を推測する統計的手法です。

例えば、過去5年間の売上高（X）と従業員数（Y）のデータについて【図表4-12】のように推移している会社があるとします。この会社が、売上高180億円に達したときに必要になる従業員数を回帰分析により推測してみましょう。

■図表4-12　ある会社の売上高と従業員数の推移

	過去の実績　（年度）					今後の計画
	2013	2014	2015	2016	2017	2018年度
売上高　（億円）	100	120	130	125	140	180
従業員数　（名）	200	220	250	230	270	?

「Excel」に、過去5年間の売上高と従業員数のデータを入力し、次のように操作すれば、回帰分析を行なうことができます。

❶売上高と従業員数の散布図を作成する（データ領域を指定して、［挿入］→［グラフ］→［散布図］を選択する）。

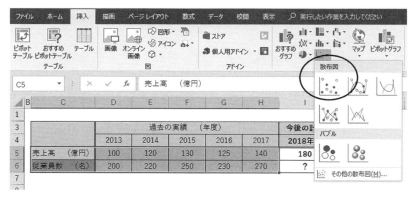

❷散布図の任意のデータ（図表上のいずれかの点）を右クリックし、表示されたボックスから「近似曲線の追加」を選択する。

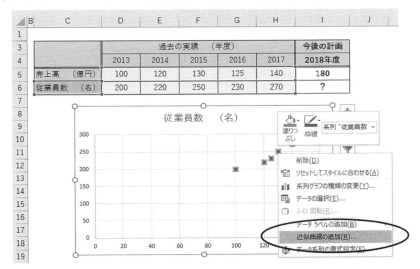

❸「近似曲線の書式設定」のボックスの「線形近似」と「グラフに数式を表示する」にチェックを入れる。

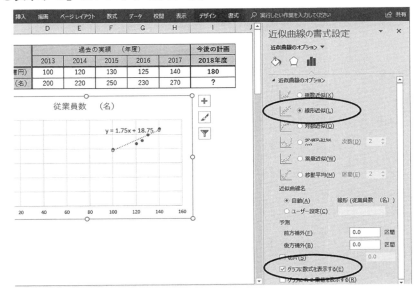

❹散布図上に、売上高（X）と従業員数（Y）の関係性を示す方程式（Y＝1.75X＋18.75）が表示された。

　この式のXが売上高、Yが従業員数を表している。Xに売上高「180（億円）」を代入すると、Y（従業員数）は「333.75（名）」となった（散布図で売上高（X）が180のときの従業員数（Y）を見てもいい）。

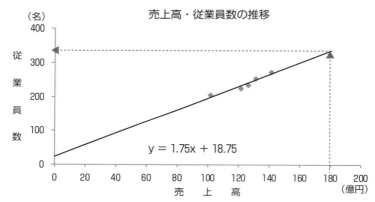

　回帰分析の結果、売上高180億円を達成するためには従業員数は333名が必要になると推測されます（ただし、これは、あくまでも過去の結果に基づく推測にすぎません）。

　これ以外も、回帰分析は、例えば次のような推測にも使うことができます。

- ある売上高になった場合に拠出できる人件費の総額（過去の売上高と人件費について回帰分析を行なう）
- ある年齢における標準的な賃金（全従業員の年齢と賃金について回帰分析を行なう）

　パソコンが普及するまで、回帰分析は、統計学や数学を勉強したものでなければ行なうことができませんでした。今では、Excelを操作すれば、誰でも手軽に回帰分析のような統計的手法を使うことができます。

人事担当者は、回帰分析のような統計的手法も活用して、経営における問題の発見・解決および要員計画や人件費予算の策定を合理的、理論的に行なっていくことが求められます。

4-6
問題発見・解決の上で重要なこと

　人事担当者が問題発見・解決を行なうときに最も重要なことは、経営者や現場の従業員の声をよく聴くということです。

　インターネットなどから世間の動きを察知すること、データ分析を行なって自社の現状を的確に把握することも、問題発見・解決を行なう上で必要なスキルです。しかし、経営者や現場の声を十分に聴かないまま、世間のトレンドやデータ分析の結果だけから導き出された問題は、人事担当者の独りよがりな思いこみにすぎません。

　第1章でも述べた通り、人事の仕事の提供先（顧客）は、基本的には、経営者と現場の従業員です。自分の顧客の意見、要望、不満などに耳を傾けない限り、人事担当者は、「理想・あるべき姿」も「現状」も把握することはできません。情報収集力やデータ分析力は、あくまでも、経営者や従業員の声から導き出された問題を明確化するためのスキルであって、それらだけで問題発見・解決を行なうことは適切とはいえません。

　人事担当者は、積極的な意見具申を通じて、経営者の意見・要望を聴き出し、また日頃から現場に出向き、従業員の声に耳を傾けて、そこから問題発見・解決のヒントを見出していかなければなりません。さらに、退職予定者や苦情を申し入れてきた従業員の話も聴いて、そこから労働条件を改善するヒントを見付けていくことも必要です。

　「最も重要なことは、経営者や従業員の声をよく聴くこと」――このことを常に頭において、日々の仕事を着実に遂行し、また、自らの能力開発に努力していきましょう。

188

第5章

マネジメント理論を
勉強しよう

5-1 マネジメントとは

　人事担当者は、要員計画策定と採用・配置、就業規則や人事制度の運用、教育訓練などを通じて、人のマネジメント（経営管理）を行なっています。したがって、人事担当者は、人事の仕事だけではなく、その基盤にある「マネジメント」というものを、しっかりと理解しておくことが必要です。

1 マネジメントとは何か

　マネジメントとは、一般的に「ヒト、カネ、時間などを使って何かを実現すること」と定義されます。例えば、「隣の席の人に物を取ってもらうこと」も、「物を取ってほしいと伝える→隣の人に『物を取る』という行動を起こさせる→お礼を言う」という一連の活動を行ない、それによって「自分の目的が達成された」という意味では、マネジメントととらえられます。

　何か使う（例えば、他人に何かをさせる）という意味では、「コントロール」と似ていますが、マネジメントは「ある目的を達成するために、相手にその目的達成に結びつく行動を起こさせること」であるのに対して、コントロールは「（相手を支配すること自体が目的化して、）相手の意思に関係なく行動を規制すること」といえます。

　マネジメントにおいては、目的を効率的に達成するために、ヒト、カネ、モノ、情報といった経営資源の配分を最適化することを考えることが必要です。

　例えば、会社は、「利益を出す」という目的を効率的に達成するために、

なるべく低いコストで従業員を調達し、多くの成果が出るように職場環境を整備します。つまり、目的達成のために経営資源の最適配分を行なうことは、マネジメントの重要なポイントになります。

2 PDCAサイクルとは

マネジメントにおいては、「PLAN（計画）→DO（実行）→CHECK（評価）→ACTION（改善）」（または、「PLAN→DO→SEE」）という一連の流れ（PDCAサイクル）を回していくことが効果的で、経営は、基本的にこの流れに沿って行なわれています。

なお、PDCAサイクルのように、マネジメントをいくつかの要素からなる過程ととらえて、それぞれの過程を効果的に遂行する原則を明らかにしていこうとする理論を「管理過程論」といい、フランスのファヨールが主著『産業ならびに一般の管理』（1916年）の中で、管理を「予測、組織、命令、調整、統制」の5つの構成要素に区分したことが、その始まりといわれています。

■図表5-1　PDCAサイクル

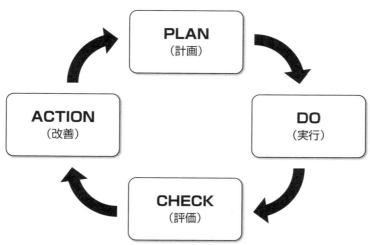

5-2 マネジメント理論と人間観

　マネジメントは、それを行なう者の「人間観」に大きな影響を受けます。

　例えば、人材を単なる「労働力」ととらえる経営者は、従業員を怠けさせずに働かせようとします。一方、人材を「一人の人間」ととらえる経営者は、従業員を気持ちよく働かせる環境づくりを心がけるでしょう。経営者の人間観によって、その会社のマネジメントの方向性は決まるといっても過言ではありません。

　ですから、人事担当者は、人のマネジメントを行なう上で、経営者がどのような人間観を持っているのかを理解すること、そして、自分自身が人間観を持って仕事にあたることが、とても重要になります。

　ここでは、代表的なマネジメント理論とその背景にある人間観を見ることによって、企業経営と人間観の関係について考えましょう。

1 テイラーの「科学的管理法」と経済人モデル

　「事業を効率的に運営するためには、しっかりとした管理が必要である」──このような考え方が、1900年頃に欧米の工場で広がりはじめました。

　当時の工場では、産業革命の影響を受けて未熟練労働者を大量に雇用するようになっており、経営者は、従業員が集団で仕事を怠ける「組織的怠業」という行為に頭を悩ませていました。経営者が生産量を多くしようとしても、従業員は、意識的に作業能率を低下させて、一人ひとりの仕事量が多くならないようにしていたのです。経営者は、組織的怠業に対抗する有効なマネジメント手法を必要としていました。

このような状況下で、テイラーが登場します。

テイラーは、1856年、アメリカ・ペンシルバニア州に生まれ、ポンプ製造工場における徒弟修業を経て、工作機械製造会社の技術者になり、その経験を生かして、工場の管理に関する理論・手法を数多く発表しました。現代の経営学は、ここから始まったといわれています。

テイラーのマネジメント理論は「テイラーリズム」と呼ばれており、その基本的な考え方は、次のようなものです。

●科学的な分析に基づいて、従業員がこなすべき仕事を合理的に決定すれば、従業員は、作業能率を低下させても標準的な仕事量が変わらないことを理解する。さらに、各自の報酬を仕事の出来高によって変えれば、従業員は、出来高を増やそうと努力する。このようにすれば、従業員の組織的怠業が防げる。

●工場の生産性が上昇すれば、使用者は利益を、従業員は安定した雇用を得ることになり、そのことがわかれば労使関係は協調路線になって、工場、従業員ともに発展する。

このようなマネジメントを実践する手法として、テイラーは、次の3つのポイントを挙げました。

❶計画と執行の分離（計画を策定する部署を、実際に作業を行なっている現場から切り離す）

❷作業の標準化と課業の設定（計画部署が、時間研究に基づいて作業の標準化を進め、さらに個々の労働者が1日に遂行できる最大の作業量である「課業」を設定する）

❸差別出来高給制の導入（課業を達成したかどうかで賃率に大きな差が
　出る報酬体系を導入する）

　このようなテイラーのマネジメント手法は「科学的管理法（または、
テイラー・システム）」と呼ばれ、当時の工場に広く採用されて、大き
な成果をあげました。中でも、自動車会社のフォードが、科学的管理法
を導入して生産の合理化を実現した例などが有名です。
　科学的管理法は、テイラーの弟子であるガントやギルブレスらに引き
継がれ、今日のマネジメントの基礎を形成するものになったといわれて
います。

　ところで、テイラーのマネジメント理論の背景には、どのような人間
観が存在するのでしょか？
　テイラーの「科学的管理法」は、科学的な分析に基づいて設定された
課業の達成度合いに応じて報酬を決定する、合理的な仕組みといえます
が、裏を返せば、従業員が、この仕組みの合理性を受け入れることを前
提としなければ成り立ちません。
　つまり、科学的管理法の根底には、次の人間観があると言えます。

●人間は、もともと個別的な存在で、自己保存や自分の利益確保のため
　に行動する。

●人間は、経済的刺激によって動機付けられ、それを最大化するために、
　合理的に判断して行動する。

　このように「人は、自分中心で、経済合理性に基づいて行動するもの
だ」ととらえる人間観は、一般的に「経済人モデル」と呼ばれています。

　現在の会社でも、経済人モデルに基づくマネジメントは行なわれてい

ます。例えば、従業員のモチベーションを向上させるために、報酬にメリハリ（格差）を付けることなどは、経済人モデルを前提としたマネジメントといえるでしょう。

　日本企業の経営者にも、経済人モデルを人間観として持っている人が数多く存在します。このような経営者は、自分自身の行動パターンも「利益優先」になりやすく、また「従業員は報酬で動く」と考えていることから、成果主義的な報酬体系を積極的に採用する傾向があります。

　なお、経済人モデルは、「個人利益優先＝お金重視」という考え方のようにとらえられがちですが、テイラー自身は、そのような考え方を持っていなかったようです。テイラーは、その著書『科学的管理法』の中で、次のように述べています。

"マネジメントの目的は何より、雇用主に「限りない繁栄」をもたらし、併せて、働き手に「最大限の豊かさ」を届けることであるべきだ。
　「限りない繁栄」という表現は広い意味に用いている。単に大きな利益や配当を指すのではなく、あらゆる事業を最高水準にまで引き上げ、繁栄が途絶えないようにすることだ。
　同じく、働き手に最大限の豊かさを届けるとは、相場よりも高い賃金を支払うだけではなく、より重要な意味合いを持つ。各人の仕事の効率を最大限に高めて、月並みな表現ではあるが、可能性の限りを尽くした最高の仕事ができるようにする。さらに、事情が許せば、そのような仕事を実際に与えることである。"
（『新訳　科学的管理法』F.W.テイラー　ダイヤモンド社　2009）

　テイラーは、マネジメントが会社に繁栄をもたらす一方、働き手にも豊かさをもたらすと考えていました。そして、働き手にとっての「豊かさ」とは、「高い賃金」だけではなく、「最高の仕事」も含まれていたのです。

②「人間関係論」と社会人モデル

　テイラーの科学的管理法の登場により、アメリカの工場では、仕事の割り振りと統制が合理的に進められるようになり、生産性が向上しました。このような中で、さらに生産性を高めようとさまざまな研究が行なわれるようになりました。
　その中でも有名な研究が、1924年から1932年にかけて、アメリカのウェスタン・エレクトリック社のホーソン工場において実施されたもので、ここでは、物理的な作業環境や労働条件と、従業員の作業能率との関係性を調べる実験（ホーソン実験）が行なわれました。
　この実験は、最初はウェスタン・エレクトリック社の研究者らによって行なわれましたが、途中からハーバード大学のメイヨー、レスリスバーガーらが加わり、さまざまな研究成果を挙げました。

　ホーソン実験では、最初、照明の明るさなどの作業環境と能率、および労働時間、賃金制度などの労働条件が作業に及ぼす影響などを調べるものでしたが、実験の結果、これらの間に明確な関係性を見出すことはできませんでした。
　その代わりに「実験対象者たちが特別な注目と取り扱いを受けていると感じたこと、および実験対象者の協力を得るために、監督の方法・行動が変わったことなどが作業能率を高めた」という仮説が導き出されました。
　また、職場においては、公式組織とは別に、自発的に仲間集団（インフォーマル・グループ）が作られ、そこでの帰属意識や強制力が生産性に影響を与える、という結論も導き出されました。

　すなわち、従業員の行動の決定は、周囲からの期待、管理者の態度、仲間意識や所属集団からの影響力などが大きく関係しているので、マネ

ジメントにおいては、従業員を経済的刺激で動機付けようとすることよりも、従業員を認めること、受容すること、あるいは集団への帰属意識を持たせることなどのほうが重要である、という考え方に至ったのです。

このような考え方は、後に「人間関係論」と呼ばれるようになります。

人間関係論のベースには、次のような人間観があります。

●人間は基本的には社会的欲求によって動機付けられ、仲間との人間関係を通して、所属する社会、集団に対して一体感を持つ。

●従業員は、経済的刺激や管理者からの統制よりも、所属集団からの影響力や仲間からの承認のほうに敏感で、それを基に行動を判断する。

このような人間観は、一般的に「社会人モデル」と呼ばれています。

社会人モデルは、従業員が「一人の人間」であると同時に「社会・集団の一員」であること、そして経済合理性よりも、むしろ仲間意識や周囲からの承認が行動に影響を及ぼすことを、あらためて世に示しました。これを受けて、1950年以降のアメリカにおいては、従業員の意識・意欲に関する研究が盛んに行なわれるようになり、そこから「モチベーション理論」や「リーダーシップ理論」が発展していきました。

日本企業においては、社会人モデルに基づくマネジメントが、従来から行なわれてきました。例えば、職場への帰属意識を高めるためのイベント（社員旅行、飲み会など）、社内表彰制度、従業員満足度調査の実施などが、それに該当します。

「家族主義的な経営」を前面に打ち出す経営者は、社会人モデルを人間観として持っていると考えてもいいでしょう。

また、近年、企業の社会的責任として、従業員の職場における満足度

向上やワークライフバランスなども重視する考え方が広まってきたことから、社会人モデルに基づく人間観を持つ経営者や人事担当者は増えてきているものと考えられます。

③ モチベーション理論と自己実現モデル

人間関係論の登場により、従業員は経済的報酬以外の要因でも作業能率を向上させることが、多くの人々に認識されました。そうなると、次の研究テーマとして「どうすれば従業員のモチベーション（やる気）を高めることができるのか？」ということが浮上してきます。

ここから「モチベーション理論」が誕生しました。

モチベーション理論としてとくに有名なものが、「マズローの欲求5段階説」です。

これは、アメリカの心理学者マズローによって提唱された理論で、人間の欲求には、低いほうから「生理的欲求」「安全の欲求」「社会的欲

■図表5-2　マズローの欲求5段階説

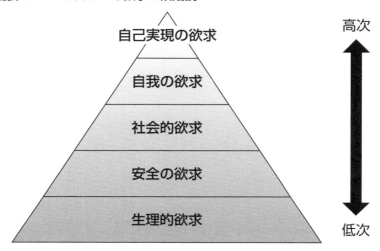

求」「自我の欲求」「自己実現の欲求」の5段階があり、低次の欲求が満たされると高次の欲求が顕在化し、人間はモチベーションを向上させていくとする説です。

それぞれの欲求は、次のようなものです。

- **生理的欲求**：「食べたい、眠りたい」など、人間が生きていくための基本的な欲求
- **安全の欲求**：安全で健康に暮らしたい、危険なことを避けたいという欲求
- **社会的欲求**：仲間がほしい、集団に帰属したいという欲求
- **自我の欲求**：仲間から認められたい、尊敬されたい、称賛を受けたいという欲求
- **自己実現の欲求**：自分の能力を最大限に発揮したい、あるべき自分でいたいという欲求

この説が公表された1950年代のアメリカにおいては、従業員の多くは、すでに生理的欲求や安全の欲求を満たしているものと考えられていたため、企業においてモチベーションを高めるためには、自我の欲求や自己実現の欲求などの、高次な欲求の充足を満たすマネジメントを行なうべきだという主張がなされました（参考：『人間性の心理学』A.H.マズロー　産能大出版部　1987）。

マズローの欲求5段階説以外にも、さまざまなモチベーション理論（次項でまとめて紹介します）がありますが、これらには、共通した人間観があります。

それは、「人間は、自己実現や成長を求めるもので、それに向けて自発的に行動を起こす」というものです。このような人間観を「自己実現モデル」といいます。

この人間観のもとでは、従業員は、報酬や称賛などの外部的な刺激で

はなく、むしろ仕事そのものの面白さや達成感、やりがいなど内発的動機付け（仕事自体に内包されている、人間の意欲に働きかける要素）によって、行動を決定するということになります。

　アメリカの心理学者エドワード・L・デシは、内発的動機付けの本質は次の三つにあるとしています。

●自分の行動を自分で決める「自己決定感」
●自分が役に立っていることを認識できる「有能感」
●重要な他者からの受容感を得る「対人交流」

　この考え方に基づけば、自己実現モデルをベースにしたマネジメントでは、目標管理制度のような従業員自身が仕事の目標や進め方を決める仕組み、あるいは従業員同士が褒めあう仕組みなどが効果的であり、これらを通じて、従業員のモチベーションを上げて、パフォーマンスを高めていくことができる、ということになります。
　なお、目標管理制度は、経営学者のドラッカーが著書『現代の経営』の中で、「Management by Objectives and Self control（目標と自己統制による管理）」という言葉で提唱したことが最初といわれており、ここでいう「目標」とは、自分で設定し、自己管理のもとで達成するものであることが原則とされています。

　日本企業においても、近年になって、自己実現モデルに基づくマネジメントが注目を集めるようになってきました。事業の中心が「大量生産から多品種少量生産・個別生産へ」「生産・販売から開発・サービスへ」と移行する中で、「上が決めたことを効率的にやらせること」よりも「従業員一人ひとりが何をやるべきかを考えて、自己責任のものとに働くこと」が重要になってきたからです。
　ベンチャー企業の経営者の中には、自己実現モデルの人間観を持ち、

200

自由な組織風土を形成し、従業員にモチベーション向上と能力発揮を求める人が多く見受けられます。

また、人事担当者の中にも自己実現モデルの人間観を持つ者は多く、会社と従業員の発展のために、さまざまなモチベーション向上施策を講じています。

 4 マネジメント理論と人間観のまとめ

これまで述べたマネジメント理論と人間観および人事制度との関係性を整理すると、【図表5-3】のとおりです。

効果的なマネジメントを行なうためには、経営者や人事担当者の人間観と人事制度の方向性が合致していることが重要です。

例えば、経済人モデルの人間観を持つ経営者が目標管理制度を導入したところで、結局は、上が設定した目標(ノルマ)の割り付けとアップダウンが激しい報酬になってしまい、従業員のモチベーションは低下し、うまくいかないでしょう。

■**図表5-3　マネジメント理論、人間観および人事制度の関係性**

人間観	経済人モデル	社会人モデル	自己実現モデル
ベースになった理論	科学的管理法	人間関係論	モチベーション理論
基本的な考え方	人間は、個別的な存在で、自分の利益のために行動する 人間を動機付けるものは、経済的刺激	人間は、社会的存在で、集団から影響を受けて行動する 人間を動機付けるのは、帰属意識や仲間からの承認	人間は、自己実現を目指して、自発的に行動する 人間を動機付けるのは、仕事のやりがいや達成感
合致する人事制度	職務の明確化・職務給、成果主義的人事制度など	家族主義的な人事制度、社員同士で褒めあう風土など	目標管理制度、定期的なキャリア面談など

また、社会人モデルの人間観を持つ経営者が成果主義的人事制度を導入したところで、従業員一人ひとりの成果を明確化することができず、結局は、従来の年功序列を引きずるだけで、社内に改革を起こすことはできません。

　ですから、経営者や人事担当者が効果的にマネジメントを行なっていくためには、自分なりの人間観を持って、それに合致した制度を導入・運用していくことが必要なのです。

　なお、ここで紹介した人間観は、人間の持つ価値観を単純化してとらえたものであり、実際には、一人の人間であっても、これらの価値観を同時に持っていて、それらの強弱により行動の違いが現れると考えられています。

　このような考え方を代表するものとして、アメリカの組織心理学者シャインが提唱した「複雑人モデル」（経済人モデル、社会人モデル、自己実現モデルをあわせ持つ人間観）があります。

5-3 モチベーション理論

　従業員のモチベーション（やる気）が高まれば、仕事のパフォーマンスが上昇して会社の業績も向上し、また、活気のある職場が形成されることで従業員の定着率の改善などを図ることもできます。

　ですから、人事担当者は、モチベーションに関する諸理論を理解した上で、自社の状況に応じたモチベーション向上施策を講じていくことが必要です。

　モチベーション理論には、モチベーションを向上させる要因を明確化しようとする「コンテント理論」と、モチベーションの発生・向上の過程を明確化しようとする「プロセス理論」とに分けることができます。ここでは、それぞれの代表的な理論を紹介しましょう。

1 コンテント理論

　モチベーション理論の先駆けとしては、前述した「マズローの欲求5段階説」があります。これは、モチベーションを向上させる要因が、「生理的欲求」「安全の欲求」「社会的欲求」「自我の欲求」「自己実現の欲求」という5段階の欲求の充足にあると提唱したものです。

　欲求5段階説の発表以降、モチベーションを向上させる要因を明確化しようとする理論（コンテント理論）が発表されます。ここでは、その代表的なものを紹介します。

①マグレガーのX理論・Y理論

　アメリカの心理・経営学者マグレガーによって提唱された理論で、「人間は仕事が嫌いだから、仕事をさせるためには命令と処罰が必要」とす

る考え方を「Ｘ理論」、逆に「人間は仕事が嫌いではなく、自我欲求や自己実現欲求を満たすようにすれば、自ら進んで目標達成に尽くす」とする考え方を「Ｙ理論」としました。この説によれば、Ｙ理論に基づくマネジメントが望ましいとされています（参考：『企業の人間的側面』Ｄ．マグレガー　産能大出版部　1970）。

②ハーズバーグの衛生要因・動機付け要因

　アメリカの臨床心理学者ハーズバーグによって提唱された理論で、職務、労働条件、職場環境などに関することを、「不十分だと不満をもたらすが、十分であっても高い満足をもたらさないもの」（衛生要因）と、「不十分でも不満の原因とはならないが、十分なときは高い満足感をもたらすもの」（動機付け要因）に区別する理論です。衛生要因の例としては給与や労働条件、動機付け要因の例としては職務内容や達成感などがあげられます。

　衛生要因を高めても満足感は得られないため、従業員のモチベーションを向上させるには、動機付け要因の充足が重要であるとハーズバーグは提唱しました（参考：『仕事と人間性』Ｆ．ハーズバーグ　東洋経済新報社　1968）。

■**図表5-4　衛生要因と動機付け要因**

衛生要因	➡	不満の要因となるが、満足をもたらさない （例：給与、労働時間、その他労働条件　など）
動機付け要因	➡	不満をもたらさないが、満足度を高める （例：仕事の内容、達成感、裁量の大きさ　など）

② プロセス理論

「プロセス理論」とは、モチベーションの発生・向上の過程を明確化しようとする考え方で、代表的なものとして「アダムスの公平理論」や「ブルームの期待理論」などがあります。

①アダムスの公平理論

アメリカの行動心理学者アダムスによって提唱された理論で、モチベーションは、不公平を解消しようとするエネルギーであるととらえ、「大きな不公平を感じるほど、それを解消しようとしてモチベーションが高まる」としています。

この理論では、「不公平」とは、自分と他人の「努力・能力」と「成果（報酬）」を比較することによって生じるもので、自分と他人の間に不公平があると、それを解消するために、報酬を増加させる行動などをとるようにモチベーションが高まるとしています。

■図表5-5　アダムスの公平理論

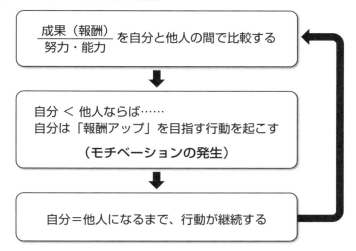

②ブルームの期待理論

　アメリカの産業・組織心理学者ブルームによって提唱された理論で、モチベーションは、報酬を得たいという「誘意性」（その者の報酬に対する価値の高さを示す誘意性、および会社が報酬を与えてくれるという手段性）と、自分は目標を達成できるという「期待」から構成されるものとした考え方です。

　この理論によれば、従業員のモチベーションを高めるためには、目標を達成したら報酬がアップすることを明確に示し、かつ達成できそうな目標を与えることが重要ということになります。一方、大幅な報酬アップを示しても、達成不可能な目標の設定により「期待」がゼロになれば、モチベーションは高まりません。

■図表5-6　ブルームの期待理論

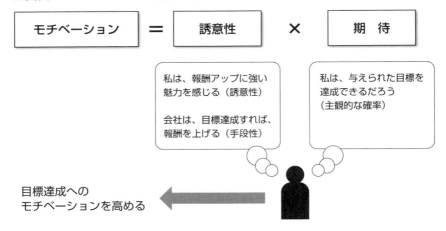

3　新しいモチベーション理論

　これらの理論をベースに、その後もさまざまなモチベーション理論が提唱されました。ここでは、その代表的なものを紹介します。

①マクレランドの欲求理論

　人間には、達成、権力、親和の３つの主要な欲求が存在し、どの欲求が強いかによってモチベーションを高めるポイントが異なるという理論で、アメリカの心理学者マクレランドが1976年に提唱しました。

　この理論による欲求とは、次の３つのものを指します。

●達成欲求（need for achievement）

　何かを達成したい、成功したいという欲求。この欲求が強い人は、やりがいのある仕事や挑戦的な目標に主体的に取り組むときに、モチベーションを高める傾向がある。

●権力欲求（need for power）

　他人に影響力を発揮し、他人をコントロールしたいという欲求。この欲求が強い人は、権限を与えられ、他人からの信望が得られたときに、モチベーションを高める傾向がある。

●親和欲求（need for affiliation）

　他人に好かれたいという欲求。この欲求が強い人は、友好的、かつ密接な人間関係を構築することに対して、モチベーションを高める傾向がある。

　マクレランドは、これら３つの欲求と業績との関係性を調べて、達成欲求が強い人は、権力欲求や親和欲求が強い人と比べて、業績に対する意識が高いことを発見しました。

　この発見は、コンピテンシー理論（高業績者の行動特性を分析して、評価や育成などに活用しようとする考え方）の基礎となり、その後、人事管理に具体的に応用されることになります。

②アルダーファのＥＲＧ理論

　アメリカの心理学者アルダーファは、マズローの欲求５段階説を修正し、人間の欲求を次の３つのグループに集約しました。

●**存在欲求**（Existence needs）：さまざまな物質的、生理的欲求
●**関係欲求**（Relatedness needs）：人々との関係を保ちたい欲求
●**成長欲求**（Growth needs）：自分自身が成長したいという欲求

　アルダーファの説では、3つの欲求は同時に存在しており、これらの欲求を充足しようとしてモチベーションが高まるとしています。
　最近のモチベーションの説明においては、マズローの欲求5段階説が古典的な理論として紹介され、実践的な考え方としてアルダーファのERG理論が紹介されることが多くなっています。

③チクセントミハイのフロー理論
　人間は、一つのことに没頭している「フロー状態」に入ったときに、最大限のパフォーマンスが発揮できるという理論で、心理学者のチクセントミハイによって提唱されました。
　フロー状態とは「一つの活動に深く没入し、他のことが問題にならなくなる状態」「その経験自体を楽しみ、そのためだけに多くの時間や労力を費やす状態」を指し、次の特徴があるとしています。

●達成できる見通しのある課題へ取り組む
●自分の行なっていることに集中する
●明確な目標がある
●直接的なフィードバックがある
●日々の生活の気苦労や欲求不満が意識から取り除かれる
●自分の行為を統制している感覚を持つ
●自分に対する意識は消失するが、フローの後は自己感覚が強く現れる
●時間の経過の感覚が変わる

人間は、フロー状態を経験し、そこに達する道筋をつかむことによって、モチベーションや能力を高めることができるとしています。

　ちなみに、フロー状態になることを「ゾーンに入る」ともいいます。この表現は、近年、スポーツ番組の解説などで頻繁に用いられています。

＊　　　＊　　　＊

　以上が、代表的なモチベーション理論の紹介です。

　人事担当者であれば、仕事を進める中で、「仕事に対するモチベーションが低い従業員」や「優秀だったのに、突然、やる気をなくしてしまった従業員」などを目にすることもあります。そして「従業員のモチベーションを高めるためには、どうすればよいのか？」とか「そもそも、モチベーションとは何なのか？」などと頭を悩ませることになるでしょう。

　そういうときには、ここで紹介したモチベーション理論を思い出し、従業員のモチベーションを高めるヒントを見つけてもらいたいと思います。

5-4 組織とリーダーシップ論

　人事の仕事は、「一人の人間」である従業員を対象としますが、それに加えて、従業員の集合体である「組織」もマネジメントの対象になります。ですから、人事担当者は、組織というものも十分に理解しておくことが必要です。

　組織のマネジメントにおいては、「各組織（部署、チームなど）のリーダーを誰にするのか」ということが重要な検討課題になります。そして、組織のリーダーを決めるためには、まず「望ましいリーダー像」や「リーダーとしてとるべき行動」を明確にしなければなりません。

　リーダー像やリーダーの行動については、「リーダーシップ論」としてさまざまな説が提唱されてきました。人事担当者は、リーダーシップ論についても勉強して、その知識を人材の配置や育成に生かしていくことが求められます。

　本節では、組織とリーダーシップについて説明します。

① 組織とは何か

　会社において「組織」といえば、「営業部」のような組織単位を指します。また、「組織的に動く」といえば、「（経営者や管理職の承認を得て）正式に活動する」あるいは「個人ではなく、複数の者が集まったチームで活動する」などの意味になります。

　アメリカの通信会社の経営者でもあったバーナードは、組織を「2人以上の人々の意識的に調整された活動や諸力の体系」と定義しました。そして、組織を構成する3要素として、「共通目的、貢献意欲、コミュニケーション」をあげました。（参考：『経営者の役割』C.I.バーナード

210

ダイヤモンド社　1968)

　そもそも一人では「組織」として成り立ちませんし、また、複数の人間が集まったところで、共通目的や貢献意欲に基づく活動がなされなければ、単なる「集団」であって、組織と呼べるものではありません。

　さて、会社においては、「事業を行なう・利益を上げる」という共通目的を達成するため、一般的に「分業」が行なわれます。分業とは、社内をいくつかの部門に区分けし、それぞれの部門あるいは各従業員の「役割」(＝責任と権限の範囲)を決めることです。そして、部門間あるいは従業員間のコミュニケーションの流れとしての「指示命令系統」が構築されます。

　したがって、会社においては、「組織」というと、具体的には、「部・課」などの組織単位とそれぞれの役割分担、および社内の公式な指示命令系統を指すことになります。

 ## 2　組織形態の種類

　組織単位の構造（役割分担の枠組み）と指示命令系統のパターンによって、会社の組織形態は、次の3種類に分けることができます。

①機能別（職能別）組織

　営業部、生産部のように、社内で担う機能（担当業務）によって部門を編成する組織です。最も基本的な組織形態で、従業員規模、業種にかかわらず、多くの会社に見られます。

　事業を効率的に行なうことができる反面、商品や地域ごとに細かな戦略を策定することが困難になるというデメリットがあります。

■図表5-7　組織形態の種類

① 機能別組織　　　② 事業部制　　　③ マトリックス組織

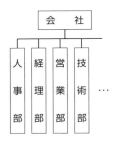 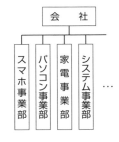 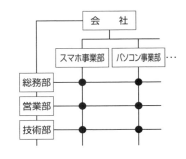

②事業部制（カンパニー制、グループ経営）

　スマホ事業部、パソコン事業部のように、実施する事業（取り扱い商品、担当地域など）によって部門を編成する組織形態です。主要顧客が異なる商品を供給している会社、あるいは全国展開している会社などに見られます。

　なお、事業部ごとの責任を明確化するために、収支計算などの独立性を高めると「（企業内）カンパニー制」となり、各事業部を子会社として独立させると「グループ経営」に移行します。

　商品や地域ごとに戦略を策定することができるため、スピーディーな経営ができるというメリットがありますが、複数の事業部で機能が重複する（例えば、事業部ごとに人事部門を抱えることになる）ため、コスト面や事業効率面は機能別組織よりも悪くなります。また、各商品の中間に位置する商品の取り扱いが中途半端になる、事業部ごとに足の引っ張り合いをする危険性があるなどのデメリットもあります。

③マトリックス組織

　縦軸に事業部制を、事業を横断して機能別組織を編成し、両者を並立させる組織形態です。機能別組織と事業部制の両方のメリットを引き出そうとするものですが、指示命令系統が2つできてしまう（一般社員に

とっては、機能別組織の上司と、事業部制の上司が存在する状態になる）ため、実際の運営が難しいというデメリットがあります。

人事担当者は、「自社の組織形態は何か」「自社の組織形態のメリット、デメリットは何か」ということを理解しておくようにしましょう。

③ 望ましいリーダー像（リーダーシップ論の変遷）

「誰を組織のリーダーにするのか？」——これは、人事担当者にとって最も重要な検討事項といっても過言ではありません。リーダーにふさわしい人を据えれば、その人も組織もともに成長することができますが、逆に、不適任者をリーダーにすると、その人だけではなく、部下も含めた組織全体がおかしくなってしまいます。

それでは、どのような人が、よいリーダーになるのでしょうか？

リーダーの適性や行動については、昔から、さまざまな理論（リーダーシップ論）が提唱されています。人事担当者は、このような理論を理解して、リーダーの適任者を選ぶことができる眼力を養うことが必要です。ここでは、主なリーダーシップ論を紹介します。

①リーダーシップとは何か
リーダーシップとは、「組織のリーダーが、組織の使命・目標を達成するために、組織の構成員（フォロワー、部下）に、働きかける影響のプロセス」を指します。日本語の「統率力」に近い概念です。
以前は、リーダーシップを発揮するかどうかは、個人の性格や資質によるものと考えられていました。つまり、もともとリーダー向きの人と、向かない人がいるというとらえ方です。このような考え方を「特性理論」といいます。

213

そこで、さまざまなリーダーの性格などを調べる研究がなされてきたのですが、結局、すべてのリーダーに共通するものを見出すことはできませんでした。
　そのうち、優れたリーダーかどうかは、性格や資質ではなく、その者の行動パターンで決まるという考え方が登場し、優れたリーダーの行動パターンを身に付ければ、誰でもリーダーシップを発揮できるという「行動理論」が提唱されるようになりました。

　現在のリーダーシップ論は、ほとんどが「行動理論」に基づくもので、実際に、多くの会社で「優れたリーダーになるためには、このような行動をするべき」といった内容の管理職研修が行なわれています。

②ミシガン研究・オハイオ研究とマネジリアル・グリッド
　行動理論は、1940年代にアメリカのミシガン大学で行なわれた研究が出発点になっています。ここでは、リーダーシップ行動は、「人間関係志向か、仕事志向か」で類型化できるという主張がなされました。

■**図表5-8　マネジリアル・グリッドによるリーダーシップ・スタイル**

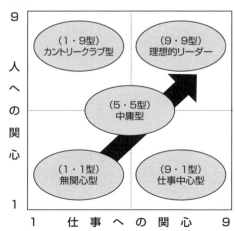

マネジリアル・グリッドは、人事管理において、次のように用いられている。

①自己診断や部下評価などに基づき、管理者の「仕事への関心」と「人への関心」を測定して、各自のリーダーシップ・スタイルを判定する。

②管理者一人ひとりに、自分のリーダーシップ・スタイルを認識させた上で、(9・9型)の「理想的リーダー」に近づくための研修を行なう。

※"Leadership: Theory and Practice"（Peter G.Northouse）を基にして作成

その後、アメリカのオハイオ大学は、この理論を発展させて、「人間関係志向と仕事志向は異なる軸上にあり、それぞれに高低がある」と主張しました。

　さらに、アメリカの経営学者ブレークとムートンは、この理論をもとに、リーダーシップのパターンを5種類に類型する「マネジリアル・グリッド」を生み出しました。ここでは、人と仕事の両方に高い関心を払うリーダーこそが理想的とされました（【図表5-8】）。

③コンティンジェンシー理論とＳＬ理論

　行動理論は、「リーダーとして最も適した、唯一無二の行動パターンがある」という前提に立つものでした。

　これに対して、1960年代にフィードラーは、「リーダーシップの有効性は、リーダーを取り巻く状況によって決まる」という考え方を提唱しました。

　この考え方によれば、リーダーとして最適な行動は、その場の状況次

■**図表5-9　ＳＬ理論によるリーダーシップ・スタイル**

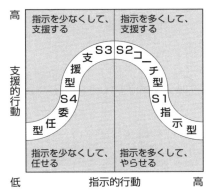

※『新1分間リーダーシップ』（ケン・ブランチャード／パトリシア・ジガーミ／ドリア・ジガーミ　ダイヤモンド社　2015）を基に筆者が一部修正

第で、すべての状況に適合できる、唯一無二のリーダーシップというものは存在しないことになります。これを「コンティンジェンシー理論」といいます。

　1970年代になると、ハーシーとブランチャードが、「リーダーは、部下に対して指示と支援の両方を与える必要があり、指示、支援をどれだけ与えればよいかは、部下の発達度（状況）に応じて異なる」という理論を提唱しました。

　これは「ＳＬ（Situational Leadership）理論」（状況対応リーダーシップ理論）と呼ばれています（【図表5-9】）。

④変革型リーダーシップ理論

　1980年代から今日にかけて、リーダーシップ論においては、「リーダーは、ビジョンを掲げ、組織構成員を鼓舞して、組織の変革を促す行動を行なうことが重要である」という考え方が主流になっています。この主張を「変革型リーダーシップ理論」と呼び、主な研究者としては、バーンズ、バスらが挙げられます。

　アメリカの経営学者コッターは、著書『リーダーシップ論』の中で、変革型リーダーシップを提唱し、日本の経営者にも大きな影響を与えました。

　この著書の中では、リーダーシップとマネジメントの役割の違い（【図表5-10】）がわかりやすく述べられており、それまで、マネジメント能

■図表5-10　マネジメントとリーダーシップの違い

	マネジメント	リーダーシップ
基本的な役割	複雑さに対処する	変革を推し進める
課題の特定	計画の立案と予算策定	針路の設定
人的ネットワークの構築	組織化と人材配置	メンバーの心を統合
課題を達成する手段	コントロールと問題解決	動機付けと啓発

※『第2版　リーダーシップ論』を参考にして著者が作成

力ばかりを重視する傾向にあった日本企業にとっては、管理者や経営者の在り方を見直す機会となりました（参考：『第2版 リーダーシップ論』ジョン・P・コッター　ダイヤモンド社　2012）。

＊　　　＊　　　＊

　ここまで、さまざまなリーダーシップ論を紹介してきました。
　人事担当者は、これらの理論を参考にしながら、「自社における望ましいリーダー像」や「管理者の在り方」などについて考えてみるといいでしょう。

5-5 現代の人材マネジメント

　「企業の目的が顧客の創造であることから、企業には2つの基本的な機能が存在することになる。すなわち、マーケティングとイノベーションである」

　これは、経営学者ドラッカーが、1954年に刊行した著書『現代の経営』の中で述べた言葉です（参考：『ドラッカー名著集2、3　現代の経営（上／下）』P.F.ドラッカー　ダイヤモンド社　2006）。

　これ以降、さまざまな戦略論が展開され、アンゾフ（経営戦略論）、コトラー（マーケティング戦略論）、ポーター（競争戦略論）らの有名な経営学者と、今日の企業経営の基礎となっている理論が登場します。

　企業経営が高度化する中で、人材マネジメントも、単なる「人事管理」（Personnel Management、PM）ではなく、経営戦略と関連付けて中長期的・総合的な視点を持つ「人的資源管理」（Human Resource Management、HRM）として行なおうとする動きが現れはじめました。このHRMが、現代の人材マネジメントの中心的な考え方になっています。

　ここでは、HRMの基本的な考え方を学びましょう。

1 PMからHRMへ

　1980年代に入り、事業運営の中心が「製造・販売」から「開発・マーケティング」に移行し、また経営の多角化やグローバル化が進むと、人事管理も、経営戦略との関連性において、中長期的・総合的な視点を持って行なう必要性が出てきました。つまり、人材を、単なる「労働力」

■**図表5-11　環境・戦略・HRMの関係性（ミシガンモデル）**

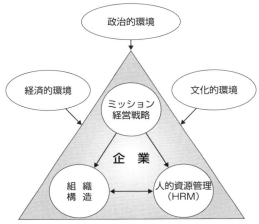

※『HRM マスターコース　人事スペシャリスト養成講座』（須田敏子　慶應義塾大学出版会　2005）、
　Fombrun, C. J., Tichy, N. M., Devanna, M. A. (1984) Strategic Human Resource Management,
　Wiley　を基にして作成

ではなく、「企業の付加価値を生み出す人的資源（または人的資本）」としてとらえて、戦略的に管理、活用する考え方が出てきたのです。

例えば、アメリカのミシガン大学を中心とした研究グループは、【図表5-11】のように、外部環境、経営戦略および人的資源管理（HRM）をフィットさせることの重要性を主張しました。

ミシガンモデルでは、企業の戦略的マネジメントの中心に「ミッション・経営戦略」「組織構造」「人的資源管理」の3要素をおき、それらが主要な外部環境（政治的環境、経済的環境、文化的環境）とマッチしていなければならないとしています。この考え方によれば、効果的な人的資源管理は、外部環境や経営戦略などによって異なってくることになります。

この他にも、ハーバード大学やイギリスのウォーリック大学も人的資源と外部環境との関連性を示した「HRMモデル」を提唱しました。

このような考え方が広がる中で、従来型の「人事管理（Personnel

Management、PM)」から、経営戦略との関連性を持たせた「人的資源管理（Human Resource Management、HRM)」へ脱却を図る企業が出現しはじめました。

ＰＭとＨＲＭとの違いを整理すると、次のようになります。

● ＰＭでは、従業員を、生産要素の一部、すなわち「細分化された職務を実行する労働力」ととらえて、監視・統制することに重点を置く。ＨＲＭでは、従業員を意思や感情を持ち「経営戦略を実現する資産」としてとらえて、育成、開発、活用することに重点を置く。

● ＰＭは、労働時間や賃金の決定およびそれらに関する労使交渉など、従業員の管理にかかわる限定的な機能を遂行する。ＨＲＭは、要員計画の策定から、採用、配置、教育、労働条件の決定、良好な労使関係の構築まで、経営戦略にかかわる総合的な機能を遂行する。

● ＰＭは、人件費を「コスト」ととらえて、短期業績との関連において適正化を図る。ＨＲＭでは、人件費を戦略実現のための「投資」ととらえて、長期的な視点から費用対効果の最適化を図る。

企業間競争が激化し、グローバル化が進む中で、経営資源である「人材」を、長期的かつ戦略的な視点から、効果的に育成し、活用していくことの重要性が高まりました。

今や、ＨＲＭは、欧米や日本の大企業における人材マネジメントの中心的な考え方になっています。

2 経営戦略と関連付けたＨＲＭ

人材マネジメントが事業運営における重要な機能である以上、ＨＲＭ

■**図表5-12　PMとHRMの違い**

	PM Personnel Management	HRM Human Resource Management
経営戦略へのかかわり方	受動的、制限された範囲の取り組み	能動的、全体的・統合的な取り組み
時間的な視点	短期的	長期的
人材のとらえ方	細分化された職務を実行する労働力	経営戦略を実現する資産
基本的な考え方	集団主義、「X理論」に基づく管理	個人主義、「Y理論」に基づく統率
管理の在り方	ルールを定め、管理部門がコントロール	意識を共有し、各自が自己統制
人件費のとらえ方	現在の事業を行なうための「コスト」	事業を成長させるための「投資」
管理の目的	コスト最小化とコンプライアンスの徹底	人材活用とコミットメントの強化
組織の在り方	トップダウン（集権的、固定的な役割）	ボトムアップ（権限移譲、柔軟な役割）
人事部門の役割	規則の作成・改定と運用、報酬・労働条件の設定、人事業務の処理	組織文化の醸成・継承、価値の共有 人材開発・活用、リーダーの育成、人材戦略の企画と実践

※『人的資源管理　理論と実践　第3版』（ジョン・ブラットン／ジェフリー・ゴールド　文眞堂　2009）、『HRM マスターコース　人事スペシャリスト養成講座』（須田敏子　慶應義塾大学出版会　2005）を参考にして著者が作成

と経営戦略が密接な関連を持つのは当然のことといえます。しかし、現実的には、経営者や人事担当者が経営戦略を意識してHRMを行なっているかどうかは疑わしいところもあります。

　とくに日本企業においては、経営戦略そのものが「顧客重視」や「グローバル化」などのキーワードで提示されている程度のこともあり、このように明確化されていない戦略では、HRMを関連付けようとすること自体に無理が生じます。

　その意味では、経営戦略とHRMとの関連性を考える上では、人事担当者は、まず、経営戦略とは何かということを理解し、自社の経営戦略を明確にすることが必要です。

経営戦略とは「企業が目的を達成するための基本方針」で、「当社は何をやって、何をやらないのか」を示したものといえます（「どうやってやるのか」ということは、一般的には「戦術」に分類されます）。経営戦略は、その企業の競争優位性（競合他社よりも優れたところ）を規定するものなので、「競争戦略」とい言い換えることもできます。

　経営学者ポーターは、基本的な戦略として次の2つを挙げました。

①**コストリーダーシップ**（例：他社よりも安くサービスを提供する）
②**差別化**（例：他社よりも高品質のサービスを提供する）

　企業の中には「安くて、品質の良いサービスを提供する」という戦略を掲げているところもありますが、ポーターの基本的な考え方としては、「コストリーダーシップ」と「差別化」の両方を同時に満たすことはできません。

　事業の強みを、コストまたは品質のどちらか一方に絞りこむことによって、戦略としての意味が出てくるのです（参考：『競争の戦略』M.E.ポーター　ダイヤモンド社　1995）。

　例えば、経営戦略が異なる2つの飲食業の会社（定食屋を全国展開しているA社と首都圏で高級料理店を展開しているB社）との間で、HRMにどのような違いが生じるかを見てみましょう（【図表5-13】）。

　A社は、低価格の商品を大量に販売することによって利益を確保する「コストリーダーシップ戦略」をとっています。A社の人事管理のポイントは、「低コストの労働力の確保」と「従業員の早期育成」の2点です。したがって、A社では、パートやアルバイトを大量に雇用し、それらの従業員が、すぐに接客・調理などの仕事を覚えられるように、店舗内で行なわれる作業を標準化（マニュアル化）しています。

　一方、B社は、販売できる数量は限られるものの高価格の料理、サービスを提供することによって利益を確保する「差別化戦略」をとってい

■図表5-13　経営戦略と関連付けたHMR

		A社（定食チェーン店）	B社（高級レストラン運営）
経営戦略	事業の概要	低価格の定食を全国のチェーン店で提供	高価格の料理を少数のレストランで提供
	競争戦略	**コストリーダーシップ** （コストをおさえることにより、低価格を実現。販売数を増やすことで、利益を上げる）	**差別化** （高付加価値のサービスにより、高価格でも一定の販売数を確保し、利益を上げる）
HRM（人的資源管理）	労務構成	店舗運営は、パート、アルバイトが中心 （人件費抑制の観点から）	正社員が中心 （人材育成の観点から）
	職務配分	店員には、標準化された職務を配分 本部社員が、開発・管理の職務を遂行	調理、接客等を、専門的職務として配分 各店の責任者が、開発・管理職務も遂行
	人材育成	パート、アルバイトを短期間で育成 ＯＪＴ（現場での上級者の指導）を通じて、社内の標準作業を覚えさせる	正社員を一定の期間をかけて「プロ」にする 社外研修の受講、公的資格取得の支援なども適宜行ない、世間で通用する腕前を磨く
	キャリアパス	「接客→店長→エリア長」が基本 店舗業務を一通り経験して、約3年で店長になる	調理、接客などに分かれ、基本的に職種転換は行なわない。各職種で「見習い」から「プロ」になるまでは約10年（以上）かかる
	評価	店員は、勤務態度、習熟度を中心に評価 店長は、店舗の業績（売上など）を評価	各自の技術力を上司が定性的に評価 責任者は、店舗業績と人材育成面を評価
	賃金体系	職務内容に応じた「職務給」体系	専門性や能力に応じた「職能給」体系

コスト抑制を重視した マネジメント	優秀人材の確保を重視した マネジメント

ともに、戦略とマネジメント（人材確保の考え方、育成や報酬の仕組みなど）が一貫している

ます。Ｂ社の人事管理のポイントは、「高品質な料理・サービスを提供できる優秀人材の確保」と「調理・給仕などのプロの育成」にあります。したがってＢ社では、シェフやソムリエを目指す若者を正社員として雇用し、専門研修などを行ないながら、一定の期間とコストをかけてプロを育成しています。

　この例を見ればわかるとおり、Ａ社とＢ社は、同じ業種（飲食業）であっても、経営戦略が異なるため、労務構成、職務配分、人材育成、賃金体系などのＨＲＭの仕組みに違いが生じています。
　ＨＲＭについては、絶対的に正しい仕組み、あるいは優れている制度

は存在しません。あくまでも、その会社の経営戦略に関連付けられているＨＲＭ、あるいは戦略との一貫性を維持できる仕組みが適しているということなのです。

　近年、日本においても、経営戦略と関連付けたＨＲＭの構築を行なう企業が増えてきています。ＨＲＭは、業種や従業員規模に応じて規定されるものではなく、その会社の経営戦略にフィットするように構築されるべきです。人事担当者は、自社の経営戦略を明確にした上で、その戦略にフィットするＨＲＭの構築を考えてみるといいでしょう。

5-6 日本企業の人材マネジメント

「日本企業の人材マネジメントは独特なもの」と、よくいわれます。それでは、日本企業の人材マネジメントの特徴とは、どのようなものでしょうか？ そして、それはどのような変化を遂げてきて、今後、どのように変化していくのでしょうか？

ここでは、日本企業の人材マネジメントの特徴と変遷について見ていきましょう。

 １ 日本の経営の三種の神器〜終身雇用・年功序列・企業内組合〜

アベグレンは、1958年に刊行した著書『日本の経営』において、日本的経営の特徴として、「終身雇用」「年功序列」「企業内組合」（労働組合が企業ごとに組織されること）を挙げました。アベグレンが示した日本企業の一般的な性格は、次のようなものです。

❶日本企業は「終身雇用制」をとっており、従業員は、学校を卒業すると同時に入社し、定年まで同じ会社で働く。企業は、適性・能力が不足している従業員であっても解雇しない。

❷採用にあたっては、職務とのマッチングや技能の高さではなく、学歴や人物などが重視される。学歴によって工員（ブルーカラー）か職員（ホワイトカラー）に分けられ、その後のキャリアパスが決まる。

❸報酬は、従業員の生活面にも配慮して決められ、賃金以外の福利厚生として支給される部分（社宅の供給など）も大きい。賃金は「年功」

を重視して決められ、職務や能力の占める割合は小さい。

❹企業内のポストの数が多く、それぞれの権限と責任が不明確である。意思決定は集団で行なわれ、決定の責任を個人が負うことはない。

このように、アベグレンが指摘した日本的経営の特徴は、終身雇用や年功序列だけではなく、それに関係するさまざまな仕組み、例えば、新卒に偏重した採用、従業員の生活に深く関与する各種手当や福利厚生、組織階層の細分化（地位や報酬を決めるための役職の存在）なども含んだものでした（参考：『日本の経営［新訳版］』ジェームス・C・アベグレン　日本経済新聞社　2004）。

このような指摘が行なわれたのは50年以上も前のことなので、すでに日本企業の一般的な性格としてとらえられなくなったものもあります。また、この指摘が行なわれた時点においても、やや誇張されている面があったかもしれません。しかし、全体としては、日本的経営の特徴をうまく言い表していると考えられます。

注目すべきは、その後、これらの特徴が、日本企業が全体的に好調な時代には「強み」ととらえられ、逆に不調な時代には「弱み」とされてきたことです。

1960年代から70年代にかけて、日本が高度な経済成長を達成していた時代には、終身雇用によりもたらされた従業員のモチベーションの高さと会社の人材育成への積極的投資、年功序列により可能となる人件費の低さ（これには、当時の日本企業は、報酬が低い若年層の従業員の比率が高かったことが関係しています）、および企業内組合により実現される良好な労使関係が、日本企業の「強み」であり、それが日本経済を発展させた要因とも考えられていました。

ところが、1980年代後半になり、日本企業の成長が鈍化してくると、

226

終身雇用により従業員を過剰に抱えてしまうこと、(従業員の高齢化に伴い)年功序列のもとで人件費上昇と組織の活力低下が生じてきたこと、そして企業内組合により労使間の緊張感が薄いことが、日本企業の「弱み」とされ、とくに終身雇用と年功序列に関しては、多くの日本企業が見直しに着手しました。

2 日本企業の人材マネジメントの変遷

アベグレンが指摘した日本的経営の特徴を踏まえた上で、戦後の日本企業の人材マネジメントの変遷を4つの期間(高度成長期、安定成長期、バブル経済崩壊後、デフレ経済下)に分けて見ていきましょう。

①戦後の復興期から高度成長期まで (1945年〜1960年代後半)

第二次世界大戦の敗戦により、日本企業も、国民生活も大打撃を受けました。国も、経営者も、従業員も、まずは会社の事業を立て直すこと、そして生活水準を向上させること(貧困から脱却すること)が最重要課題となっていました。

また、当時の産業の中心は鉱工業で、そこでは多くの若年労働力を必要としていました。

そこで、若年層を大量に確保する「新卒採用」、雇用と生活の安定を図る「終身雇用」が日本企業の間に広がりました。

生活水準の向上を図るために、生計費がかかる従業員の報酬を優先して上昇させていくことが必要であり、そこから「年功序列(年功賃金)」が定着していきました。なお、当時の産業の中心である鉱工業は、技術・能力を高め、マネジメントを担う役職につくためには、現場での経験が必要になりますから、年功序列により人材マネジメントを行なうことが、結局は、各従業員の能力や職務などを考慮してマネジメントを行なうことになっていました。

アベグレンが日本的経営の特徴を示したのは、この時代です。

②安定成長期 （1970年代前半～1980年代後半）

国民の生活水準が向上すると、「年齢や生計費よりも、各従業員の能力や職務などに応じて報酬を決めるべき」という考え方が、経営者と従業員の双方に広がりはじめました。また、産業面では、商業やサービス業に従事する労働者が増加し、これらの産業では、勤続年数にかかわらず、各従業員の能力や成果に応じて報酬や役職を決定する人材マネジメントを志向していました。

このような中、年功序列に代わるものとして登場した仕組みが「職能資格制度」です。これは、職務遂行能力のレベルに応じて「資格（等級・階級）」を設定し、それに基づいて報酬を決定する仕組みです。年功序列を運用することに限界を感じていた日本企業は、次々と職能資格制度を導入しました。

一方で、新卒採用や終身雇用については、経営者も労働者も問題視することがあまりなかったため、ほとんどの企業で継続されました。

当時の日本企業は、それまで年功序列と終身雇用が運用されてきたため、勤続年数が長く、役職と報酬を高めた中高齢従業員を豊富に抱える労務構成になっていました。

このような中で、「能力主義への移行」を目指して職能資格制度が導入されましたが、会社としては、中高齢従業員の役職と報酬を一気に引き下げることができず、また、職場の管理者は重要な仕事を経験豊富な中高齢従業員に割り振る傾向が強かった（若手よりも中高齢従業員のほうが能力を発揮しやすかった）ため、結局は、従来の年功序列と大きく変わらない状態が続くことになりました。

1980年代後半になると、日本企業の成長が鈍化してくると同時に、製造業を中心に日本企業の海外進出が積極的に行なわれるようになってきました。

このような中で、能力主義移行後も増え続ける人件費や、東南アジア

諸国などと比べて高い日本の給与水準などが問題になり、経営者は、人件費削減の観点から、人材マネジメントの方向転換をする必要性を感じはじめました。

③バブル経済とその崩壊、低成長期　（1990年代前半〜2000年代前半）

1980年代後半から90年代初頭にかけて、日本にバブル経済が訪れます。当時は「財テク」という言葉が流行し、経験や技術を生かしてコツコツと物を作ったり、売ったりするよりも、金融商品や不動産を活用したほうが儲かるという考え方が世間に広がりました。

前述したとおり、日本企業の経営者は、年功序列的な運用に流れていた能力主義に限界を感じていましたので、バブル経済が広がる中で「これからは、業績への貢献度を、数字で明確に表すことができる成果主義で人材マネジメントを行なうべきだ」という思いを持ちはじめました。

日本企業において、実際に、成果主義的な人材マネジメントが導入されるようになったのは、バブル経済が崩壊した後の1995年頃からです。バブルが崩壊して業績が悪化する中で、企業としては、従来の能力主義から成果主義に移行して、「成果を出さなければ、高報酬は得られない（結果として人件費を削減する）」また、「高報酬を求めて、従業員が成果を高める（結果として業績を向上させる）」ことを目指したのです。

また、職能資格制度（職能給）から職務等級制度（職務給）に移行する会社も出現しはじめました。

職能資格制度のもとでは、役職（ポスト）に登用されなくても能力向上が認められれば、等級を昇格させて、それに伴い報酬も上昇します。このような制度の運用を「役職と等級（または、職位と資格）の分離」といい、役職につかない中高齢者のモチベーションを維持するためには、効果的な仕組みでした。しかし、この仕組みのもとでは、役職を解任されても等級を下げる（降格させる）ことができず、また、報酬を大幅に

229

引き下げることもできず、人件費負担が重くなります。

　これに対して、職務等級制度（職務給）は、役職（ポスト）によって従業員の等級や報酬が決まる仕組みであるため、役職数が増えなければ人件費は増加しませんし、役職を解任した従業員の報酬を引き下げることも可能です。
　そこで、バブル崩壊による売上高の減少に頭を悩ませていた経営者・人事担当者は、職能資格制度から職務等級制度（職務給）に移行することにより、人件費の上昇抑制、または（役職数も減らして）人件費の削減を図ったのです。

　なお、正社員よりも報酬が低い有期契約従業員や派遣社員などの「非正規従業員」が増えていったのも、バブル経済崩壊後の1990年代後半からです。当時の日本企業にとっては、職務等級制度の導入や非正規従業員比率を高めることにより、人件費を削減・変動費化することが最重要課題だったのです。
　これらの取り組みは、人件費の上昇抑制・削減という面では一定の効果がありましたが、一方で、短期的な個人成果を上げようとするために生じるチームワークの低下やメンタル不調者の増加、役職に就けない中高齢従業員のモチベーション低下、正社員になれない若者の増加などの新たな問題を引き起こしました。

④デフレ経済下の低成長期と現在　（2000年代後半～現在）
　日本経済は、2000年代前半からデフレ経済（需要が供給を下回り、物価や賃金水準が上がらない状態）に入ったといわれます。国内景気の回復が遅れる中、2008年にはリーマンショック、2011年には東日本大震災が発生し、日本企業はさらに打撃を受けます。

　人材マネジメントにおいては、2000年代前半までに成果主義や職務等

級制度に移行した企業の一部に、従業員のモチベーション低下などの問題が発生し、「欧米型の人材マネジメントは、日本企業にはなじまない」という声があがりはじめました。そして、職務等級制度と従来の職能資格制度との中間的な仕組みを模索する動き（例えば、同一職務でも能力向上による昇格を可能にした「役割等級制度」に移行するなど）が出てきました。

　非正規従業員数は、2010年以降は一貫して増加傾向にあり、1999年には24.9％であった非正規従業員の割合は、2017年には37.2％に達しました（出所：総務省「労働力調査」）。

　企業が正社員を増やすことに躊躇する中、労働者側も企業に雇用されずに「フリーランス」として働く者も出てくるようになりました。これには、情報通信技術の発達により個人がビジネスを自由に行なう環境が整ってきたこと、企業に属さない柔軟な「働き方」に対する関心が高まってきたことなどが関係しています。

　また、2000年代後半から、過重労働やハラスメントなどが人材マネジメントの重要課題になってきました。当初、これらは、企業のコンプライアンス上の問題とされていましたが、2015年頃から労働力不足が鮮明になってくると、「働きやすい環境を整備しなければ人材が確保できない」という人材確保上の問題として認識されるようになりました。

　日本企業の人材マネジメントは、これまで、労働条件の改善と人事制度の整備を中心に、さまざまな施策が展開されてきました。2010年代に入ると、経営者や従業員の間で、それらの施策に対する「やりつくした感」が出てきた一方で、従前と比較して日本企業の組織活力が低下してきていること、従業員のメンタル不調が深刻化してきていることなどの新たな問題が生じています。

今後、人材マネジメントに対して、経営者は「戦略性」を、従業員は「自分に合った仕事、働き方を実現できる個別管理」などを求めるようになるでしょう。人材マネジメントは、今や、大きな転換点を迎えているといえます。

3　日本型と欧米型の人材マネジメントの比較

　欧米型と日本型の人材マネジメントの特徴をまとめると、【図表5-14】のようになります。
　欧米型の場合、雇用関係の成立とは、会社と従業員との間で労働契約（担当職務と報酬に関する個別契約）が締結されることを指します。日本における雇用関係の成立は、法律上は欧米型と同様ではあるものの、実際には、「会社と従業員が、お互いに組織の一員になることを認め合うこと」といえます。
　また、人材確保にあたり、欧米型では、補充が必要な職務を明確にして、それを実施できる人材を採用することを考えますが、日本型では、将来も見越して必要な人員を採用して、その従業員に職務を割り振ることを考えます。ですから、日本型の人材確保は、（どの職務でも割り振ることができそうな）新卒の採用を中心に行なうのです。

　日本型の人材マネジメントにおいては、「会社」という組織とそこに帰属しているという意識が非常に重要な意味を持っています。日本企業において、経営者は「組織の一員である従業員は（生活面も含めて）生涯にわたり面倒を見よう」という意識を、従業員は「組織の一員である以上、（自分をある程度犠牲にしても）指示命令に従おう」という意識を持つ傾向があります。
　このような点から、日本企業の経営者や従業員は、職務と報酬を天秤にかけた経済合理性で動く「経済人モデル」よりも、組織に所属し、そこから影響を受けようとする「社会人モデル」に近い人間観を持ってお

■**図表5-14　人材マネジメント（欧米型、日本型）の比較**

区　　　分	欧米型の人材マネジメント	日本型の人材マネジメント
雇用関係の成立	個別の労働契約の締結 （会社と各従業員との間で職務と報酬を決定）	会社と従業員双方の入社の承諾 （当事者間で「会社の一員になること」を承諾）
人材確保と職務の考え方	担当職務を行なう従業員を必要な期間だけ雇用する	確保した従業員を終身雇用し、職務を配分する
人事管理の主要ツール	社内の職務の洗い出し、職務記述書 （職務の明確化）	社内の位置付けを示す等級制度、キャリアパス （その会社における長期的な見通し）
報酬の基本的な考え方	職務に見合った報酬 （世間相場による「職務給」）	生活状況や社内の位置付けに応じた報酬 （「年功賃金」や職能資格による「職能給」など）
評価のポイント	職務の達成度合いを判断する （契約更新、報酬決定の判断基準）	昇給、昇格を行なうかどうかを判断する （雇用継続を前提として社内の位置付けを判断）

り、それに対応した人材マネジメントが行なわれてきたといえるでしょう。

　このような日本型の人材マネジメントにおいて必要なツール（仕組み）は、会社という組織の中での位置付けを示す「等級制度」、あるいは、長期雇用する従業員に将来の見通しを与えるための「キャリアパス」などです。また、報酬は、終身雇用を前提としている以上、従業員の生活ステージに合わせた「年功給」、あるいは、社内の位置付けに応じた「職能給」が望ましいということになります。

　ところで、欧米型の人材マネジメントにおいては、事業運営に必要な職務が明確にされ、会社は、その職務を遂行できる人材を社内外から調達しようとします。その職務を遂行できる人材が世間にたくさんいれば、

233

報酬は低くなり、逆に、職務に対して人材が少ないのであれば、報酬は高くなります。このように考えると、職務給は、その職務を遂行できる人材に支払う報酬の世間相場によって決まるものといえます。

日本においては、従来、社内の職務の明確化がなされず、従業員の報酬は生活ステージや社内での位置付けにより決められていましたから、（医師などの専門職やＩＴ技術者などの転職が盛んに行なわれる職種を除いて）職務給の世間相場は形成されにくい環境にありました。ですから、日本企業に職務給は浸透しなかった（職務を明確化したところで、報酬の世間相場がわからなかった）と考えられます。

4 人材マネジメントの将来像と人事部門の在り方の変化

日本型の人材マネジメントの特徴が理解できたところで、あらためて、その変遷を振り返り、将来像を考えてみましょう（【図表５-15】）。

これまで、日本型の人材マネジメントの基盤には、1950年代にアベグレンが指摘した終身雇用（会社と従業員との間の長期にわたる関係）がありました。これは、仕組みとして存在したというよりは、経営者と従業員が「終身雇用が望ましい」という価値観をお互いに持っていたというほうが正しいでしょう。

そして、人事制度は、この終身雇用を前提として、社内の人件費原資を効率的に配分する仕組みとして整備されていきます。1945～1960年代後半の戦後の復興期・高度成長期は、従業員の生活ステージにあわせた「年功賃金」が導入されました。従業員の生活レベルが一定水準に達し、優秀者の確保が重要課題になってきた1970年代前半～1980年代後半は、「職能給」が望ましいとされ、それを運用するための仕組みとして職能資格制度が広がりました。

1990年代以降は、職能給でも人件費増加に歯止めがかからないことへ

234

■図表5-15　人材マネジメントの変遷と将来像

1950年	1960	1970	1980	1990	2000	2010	2020

戦後　高度成長期　安定成長期　バブル　低成長期　　　　将来像

人事制度
（等級、報酬制度）

- 生活重視の報酬（年功序列・家族手当など）
- 能力に応じた報酬（職能資格制度など）
- 職務・成果による報酬（職務給、成果主義など）
- 各従業員の能力や職務に基づいて、個別に報酬を決定（個別契約による報酬）

雇用の考え方

「終身雇用」を望ましいとする考え方

「終身雇用」を前提としない雇用・働き方（転職者の増加、副業の広がり…）

の対策として、職務給へ移行しようとする企業が出てきました。しかし、日本においては、職務給のベースとなる職務ごとの報酬の世間相場が形成されていませんから、欧米型のような「明確化された職務とそれに対応する職務給」に至らず、「職務（役職）に就任しない中高齢従業員の報酬の上昇を防ぐための職務給」にとどまったのです。

　こうして見ると、日本の人事制度（等級、評価、報酬の仕組み）は、年功賃金に始まり、経営環境が変化する中で生じた人件費上昇や報酬の適正配分に関する問題に対処するために、職能給、職務給と形を変えてきたことがわかります。

　ところが、近年、このような日本型の人材マネジメントを根底から覆す動きが出てきました。

　それは、長期にわたり人材マネジメントの基盤であった「終身雇用が望ましい」という考え方が、経営者、従業員の双方で崩れてきているということです。

　経営者は、企業の成長鈍化が続く中で、すべての正社員を定年まで雇用することが困難であると考えるようになりました。また、従業員は、

■図表5-16　人材マネジメントの基本的な考え方と人事部門の在り方

	従　来	将　来
人材マネジメントの基本的な考え方	**集団の管理** ●全体を画一的に管理（組織に当てはめて個人を作る） ●制度に基づきコントロール（規則と制度が管理ツール）	**個の活用** ●個の多様性を重視した柔軟な管理（個人を組み合わせて組織を創る） ●情報、データに基づく最適化（情報と個別契約がツール）
人事部門の在り方	**業務管理部門** ●就業規則と人事制度を策定・運用する	**経営企画部門** ●情報を活用し、人材戦略を策定・実践する

自分の能力がより生かせる会社があれば、積極的に転職を行なうようになりました。

このような中で、日本企業も、欧米型の「担当職務と報酬に関する個別契約」に基づく人材マネジメントに移行しつつあります。

今後、日本企業の人材マネジメントは、従業員一人ひとりを、次の観点からとらえていくことが求められるようになるでしょう。

●その従業員は、どのような適性と能力を持っているのか。
●その従業員にどのような職務をしてもらうのか。
●市場価値の観点から、その従業員の報酬をいくらにするのか。

このように従業員一人ひとりの把握が必要になる人材マネジメントにおいて必要になるものは、等級や評価のような「制度」ではなく、個人の能力や市場価値を判断する基準となる「情報」となります。

つまり、日本企業の人材マネジメントの基本的な考え方は、これまでの「従業員全体を制度によって管理すること」（集団の管理）から、将

来的には「個の従業員（の職務や報酬）を情報と契約により最適化すること」（個の活用）へと変わっていくものと考えられます。

これに伴い、人事部門は、これまでの「就業規則と人事制度を策定、運用する業務管理部門」から、「人材に関する情報を活用し、人材戦略を策定・実践する経営企画部門」へと、その在り方を変貌させていくことになるでしょう（【図表5-16】）。

人事担当者は、このような人事部門の在り方の変化をしっかりととらえて、これからも会社の持続的成長と従業員福祉のさらなる向上に資するため、自己研鑽に励んでいくことが必要です。

巻末付録

1. 労務管理に関する手続きリスト
2. 社会保険の主な保険給付一覧

1．労務管理に関する手続きリスト

　法令で定められた労務管理に関する手続き（労使協定の締結、労働基準監督署等への届け出など）を表にまとめました。自社において適切な手続きが行なわれているかどうか、「チェック」してみましょう。

番号	区分	チェック項目	根拠法令	チェック
1	就業規則	（常時10人以上の労働者を使用している場合）会社の就業規則を定めている。イントラネットへの掲示等により、労働者が閲覧できる状態になっている。	労基法89条、労基則52条の２	
2		法令の改正に伴い、都度、就業規則を改定している。	労基法89条	
3		就業規則を作成（改定）した場合に労働者代表の「意見書」を添えて、労基署に届け出ている。それを証明できる書面（労基署の収受印が押されている就業規則など）がある。	労基法89、90条	
4	労働契約	労働者と個別に「労働契約書」を締結している。それを保管（３年間）している。	―	
5		労働契約を締結する際に、賃金や労働時間等の労働条件を書面で労働者に明示している。	労基法15条	
6		退職（解雇）証明書の書式を準備している。これまでに交付した退職（解雇）証明書を保管している。	労基法22条	
7	賃金	（源泉所得税、住民税、社会保険料以外のもの、例えば共済会費や生命保険料等を賃金から控除している場合）賃金控除に関する労使協定を締結している。※労基署への届出は不要。	労基法24条	
8		（労働者からの委託を受けて会社が貯蓄金を管理する「社内預金制度」がある場合）貯蓄金管理に関する労使協定を締結し、労働基準監督署に届け出ている。	労基法18条	
9	労働時間	（１カ月単位の変形労働時間制を採用している場合）労使協定を締結し、労働基準監督署に届け出ている。または、就業規則等で、変形労働時間制について定めている。	労基法32条の２	
10		（フレックスタイム制を採用している場合）フレックスタイム制に関する労使協定を締結している。※労基署への届出は不要。	労基法32条の３	
11		（１年単位の変形労働時間制を採用している場合）１年単位の変形労働時間制に関する労使協定を締結して、労働基準監督署に届け出ている。	労基法32条の４	

番号	区分	チェック項目	根拠法令	チェック
12	労働時間	（事業場外のみなし労働時間制において、所定労働時間を超える時間を業務遂行に必要な時間とする場合）それに関する労使協定を締結して、労働基準監督署に届け出ている。	労基法38条の2	
13		（専門業務型の裁量労働制を採用している場合）裁量労働制に関する労使協定を締結して、労働基準監督署に届け出ている。	労基法38条の3	
14		（昼休みに早番・遅番を設定している等の場合）休憩時間一斉付与の適用除外に関する労使協定を締結している。※労基署への届出は不要。	労基法34条	
15		時間外および休日の労働に関する協定（36協定）を締結し、労働基準監督署へ届け出ている。	労基法36条	
16		36協定は、イントラネットへの掲示等により、労働者が閲覧できる状態になっている。	時間外労働の限度に関する基準	
17		36協定で特別条項を定めている場合は、「一定の期間ごとの割増賃金率」「延長時間を超える場合に労使がとる手続き（協議、通知等）」等を定めている。	時間外労働の限度に関する基準	
18		月60時間を超えた時間外労働の割増率を5割以上としており、その旨、就業規則等に定めている（中小企業は適用が猶予されている）。	労基法37条1項但書き	
19		（月60時間を超えた時間外労働の割増賃金の支払いに代えて「代替休暇」を付与できるようにする場合）代替休暇に関する労使協定を締結している。※労基署への届出は不要。	労基法37条3項	
20	休暇	（時間単位年休の取得を認めている場合）時間単位年休に関する労使協定を締結している。※労基署への届出は不要。	労基法39条4項	
21		（年休の計画的付与を行なっている場合）計画年休に関する労使協定を締結している。※労基署への届出は不要。	労基法39条6項	
22		（年休取得時に支払う賃金として健保の標準報酬月額を使う場合）それに関する労使協定を締結している。※労基署への届出は不要。	労基法39条7項	
23	安全衛生	労働者50人以上の事業場は、衛生管理者1名（200人超は2名、500人超は3名、1,000人超は4名）を選任し、労働基準監督署に報告している。なお、労働者10人以上50人未満の事業場は衛生推進者を選任し、事業場内に周知している。	安衛法12条、12条の2、安衛則7条、12条の2	
24		労働者50人以上の事業場は、産業医1名を選任し、労働基準監督署に報告している。	安衛法13条	
25		労働者50人以上の企業は、衛生委員会は、毎月1回以上開催され、その議事内容は、事業場内に周知されると同時に、保管（3年間）されている。	安衛法18条、安衛則23条	
26		雇い入れ時の健康診断、定期健康診断（常時使用する労働者1年に1回）等を実施している。	安衛法66条	

番号	区分	チェック項目	根拠法令	チェック
27	安全衛生	健康診断の結果、異常の所見があった労働者について、3カ月以内に医師等からの意見聴取を行ない、その意見を健康診断個人票に記載している。	安衛法66条の4、安衛則51条の2	
28		各労働者について、健康診断個人票を作成して、保管（5年間）している。	安衛法66条の3、安衛則51条	
29		労働者50人以上の事業場は、「健康診断実施報告書」を作成し、労働基準監督署に提出している。	安衛則52条	
30		1カ月の時間外労働が100時間を超えた労働者に対しては、原則として、医師による面接指導を行ない、その結果を保管（5年間）している。	安衛法66条の8、安衛則52条の2～6	
31		年1回以上、常時使用する労働者に対してストレスチェックを実施し、必要な措置を講じるとともに、医師による面接指導等の結果を保管（5年間）し、労働者50人以上の事業場は「心理的な負担の程度を把握するための検査結果等報告書」を労働基準監督署に提出している。	安衛法66条の10、安衛則52条の9～21	
32	書類の保管	労働者名簿を作成し、保管（3年間）している。	労基法107条、109条	
33		賃金台帳を作成し、保管（3年間）している。	労基法108条、109条	
34		勤怠（出退勤、労働時間など）の記録が保管（3年間）されている。	労基法109条	
35		所得税関係の書類（扶養控除申告書、源泉徴収簿等）が保管（7年間）されている。	国税通則法70条	
36	育児介護休業	育児休業の対象から、「雇用期間が1年未満の労働者」「1年以内に雇用契約が終了する労働者」「1週間の所定労働日数が2日以下の労働者」を除外する場合、労使協定を締結している。※労基署への届出は不要。	育児介護休業法6条	
37		介護休業の対象から、「雇用期間が1年未満の労働者」「93日以内に雇用契約が終了する労働者」「1週間の所定労働日数が2日以下の労働者」を除外する場合、労使協定を締結している。※労基署への届出は不要。	育児介護休業法12条2項	
38		子の看護休暇、介護休暇、育児、介護のための所定労働時間短縮の措置等の対象から、「雇用期間が6カ月（または1年）未満の労働者」「1週間の所定労働日数が2日以下の労働者」を除外する場合、労使協定を締結している。※労基署への届出は不要。	育児介護休業法	
39	ハラスメント	セクハラ、パワハラ、マタハラ（マタニティ・ハラスメント）防止に関する会社の方針を定め、相談窓口を設けている。	男女雇用機会均等法、厚生労働省指針など	
40	パート	パートタイム労働者からの相談に対応するための体制が整備されている（パートを雇い入れるときに、相談窓口を明示する）	パートタイム労働法16条、同規則2条	
41	派遣労働者	派遣労働者を受け入れている事業場は、「派遣先管理台帳」を作成し、派遣労働者の労働日、労働時間を派遣元会社へ通知している。派遣期間終了後、保管（3年間）してある。	労働者派遣法42条、同規則35条	

番号	区分	チェック項目	根拠法令	チェック
42	派遣労働者	同一の事業所において、3年を超えて労働者派遣（派遣元で無期雇用している者以外の派遣労働者）の受け入れを行なう場合、過半数労働組合等の意見を聴取している。意見聴取事項は、書面に記載して、事業所内に周知、保管（3年間）している。	労働者派遣法40条の2第4項	
43	その他官公庁への届出	毎年、「障害者雇用状況報告書」をハローワークに提出している（労働者50人以上の事業主）。	障害者雇用促進法43条7項、同規則8条	
44		毎年、「高年齢者雇用状況報告書（定年、継続雇用制度の状況等の報告）」をハローワークに提出している（労働者50人以上の事業主）。	高年齢者雇用安定法52条	
45		外国人労働者の雇い入れ、離職の際には、その氏名、在留資格等をハローワークに届け出ている。	雇用対策法28条	
46		労働者101人以上の事業主は、次世代育成支援対策推進法に基づく「一般事業主行動計画」を策定し、事業所内に周知し、その策定・変更届を都道府県労働局雇用環境均等部（室）に届け出ている。	次世代育成支援対策推進法12条	
47		労働者301人以上の事業主は、女性活躍推進法に基づく「一般事業主行動計画」を策定し、事業所内に周知し、その策定・変更届を都道府県労働局雇用環境均等部（室）に届け出ている（次世代法と一体で計画を策定することも可能）。	女性活躍推進法8条	

２．社会保険の主な保険給付一覧

（１）雇用保険

名称	保険給付の内容
求職者給付	●一般被保険者 失業期間中、基本手当日額（在職中の賃金１日分の45～80％に相当する額）の90～150日分を支給する。ただし、倒産、整理解雇、雇止め等の理由により失業した場合は最大330日分、障害者等の就職困難者の場合は最大360日分まで支給する。 最初にハローワークに出頭し、求職の申込みを行なった日から７日間は基本手当が受けられず、自己都合退職の場合は、さらに、その後の３カ月間は基本手当を受けられない（給付制限期間）。 なお、基本手当が支給される期間は、原則として、退職日の翌日から１年間である。 この他にも技能習得手当（受講手当、通所手当）等がある。 ●高年齢被保険者、短期雇用特例被保険者、日雇労働被保険者には、それぞれ独自の給付金が設けられている。
就職促進給付	早期に再就職した場合、転居した場合等に支給される。就業促進手当（就業手当、再就職手当、就業促進定着手当、常用就職支度手当）、移転費、求職活動支援費がある。
教育訓練給付	指定の教育訓練を受け、修了した場合、受講費の一部が支給される（在職中でも受給できる）。
雇用継続給付	60歳定年後の再雇用で賃金が下がった場合、育児休業・介護休業により賃金が下がった場合に給付金が支給される（高年齢雇用継続給付、育児休業給付、介護休業給付）。

●基本手当の所定給付日数

1．特定受給資格者および一部の特定理由離職者（倒産、解雇により離職した者など。ただし、就職困難者を除く）

区分 ＼ 被保険者であった期間	1年未満	1年以上 5年未満	5年以上 10年未満	10年以上 20年未満	20年以上
30歳未満	90日	90日	120日	180日	－
30歳以上35歳未満		120日	180日	210日	240日
35歳以上45歳未満		150日		240日	270日
45歳以上60歳未満		180日	240日	270日	330日
60歳以上65歳未満		150日	180日	210日	240日

2．就職困難者（障害者など）

区分 ＼ 被保険者であった期間	1年未満	1年以上 5年未満	5年以上 10年未満	10年以上 20年未満	20年以上
45歳未満	150日	300日			
45歳以上65歳未満		360日			

3．上記1、2以外の者　（一般的な自己都合退職者など）

区分 ＼ 被保険者であった期間	1年未満	1年以上 5年未満	5年以上 10年未満	10年以上 20年未満	20年以上
65歳未満	－	90日		120日	150日

（2）労働者災害補償保険

名称	保険給付の内容
療養（補償）給付	業務災害、通勤災害による負傷、疾病の治療費や薬剤費が支給される。
休業（補償）給付	業務災害、通勤災害による負傷、疾病の療養のために休業して賃金が支払われないときは、休業４日目から賃金の60％分（これに「休業特別支給金」が加えられるため、実際には80％分）が支給される。
傷病（補償）年金	療養開始後１年６カ月が経過しても治らず、一定の障害の状態にあるときは、休業（補償）給付にかわり、245〜313日分の年金が支払われる。
障害（補償）給付	負傷や病気が治癒して一定以上の障害が残った場合、131〜313日分の年金、あるいは56〜503日分の一時金が支給される。
介護（補償）給付	傷病（補償）年金、または障害（補償）年金の受給権者のうち一定の状態にある者で、現に介護を受けている場合、介護費用の支出額が支給される。親族等に介護を受けており、介護費用を支出していない場合は一定額が支給される。
遺族（補償）給付	業務災害、通勤災害により死亡した場合には、その遺族に対して153〜245日分の年金、あるいは1000日分の一時金が支給される。
葬祭料 （葬祭給付）	業務災害等により死亡した場合、「315,000円＋給付基礎日数の30日分」、または「給付基礎日額の60日分」のいずれか高いほうが遺族に支給される。
二次健康診断等給付	定期健康診断等で脳血管疾患および心臓疾患の発生のおそれが高いとされた者に対して、健康診断や特定保健指導が行なわれる（現物給付）。

（3）健康保険

名称	保険給付の内容
療養の給付（療養費） 家族療養費	従業員（被保険者）およびその家族（被扶養者）が、病院等に「健康保険被保険者証」を提示して診療や薬剤の支給を受けるもの。給付を受けるときに、病院窓口等で一部負担金（実際にかかった医療費の3割（ただし、小学校就学前は2割、70歳以上75歳未満は2割［現役並み所得者は3割]）を支払う。 なお、現物給付ができない場合は、後日、保険給付分を現金で受け取ることもできる（療養費）。
入院時食事療養費 入院時生活療養費 保険外併用療養費	入院したときの食事代、居住費、評価療養（先進医療や治験に係る診療等）、選定療養（特別の病室の提供や時間外診療等）を受けた場合の現物給付。
訪問看護療養費 家族訪問看護療養費	被保険者やその家族が訪問看護を受ける場合に現物支給される。一部負担金は平均的な看護費用の3割で、訪問にかかる交通費やおむつ代は保険の対象外。
高額療養費 高額介護合算療養費	同一月内の医療費の自己負担額が限度額を超えた場合などに、超えた分が「高額療養費」として支給される。1年の医療保険と介護保険の自己負担の合算額が限度額を超えると「高額介護合算療養費」が支給される。
移送費 家族移送費	医師の指示で移送が行なわれる場合、それにかかる費用が支給される。
傷病手当金	私傷病により会社を休業し、十分な報酬を受けられないときには、健康保険から「傷病手当金」として1日につき標準報酬月額／30（通常の報酬の1日分）の3分の2に相当する額が支給される。 傷病手当金が支給されるのは、連続した3日間の休み（待期）の後の4日目からで、支給期間は、支給開始日の1年6カ月後までとなる。
出産手当金	被保険者が、出産のために会社を休業し、十分な報酬が受けられない場合は、1日につき標準報酬月額／30（通常の報酬の1日分）の3分の2に相当する額が出産手当金として支給される。支給の対象となる期間は、出産日（出産日が予定日後のときは出産予定日）以前42日（多胎妊娠の場合は98日）から出産日の翌日以降56日までの間となる。

名称	保険給付の内容
（家族）出産育児一時金	被保険者および被扶養者が出産したとき、１児につき420,000円（産科医療補償制度に加入していない医療機関での出産は404,000円）が出産育児一時金（家族出産育児一時金）として支給される。
埋葬料（埋葬費）家族埋葬料	被保険者または被扶養家族が死亡した場合には、埋葬料または家族埋葬料として１人につき50,000円が支給される。遺族がいない場合は、埋葬を行なった人に50,000円の範囲内で埋葬にかかった費用が支給される（埋葬費）。

（4）介護保険

名称	保険給付の内容
訪問サービス	ホームヘルパー等が利用者の住んでいる場所を訪問し、入浴、排せつ、食事等の介護その他の世話、リハビリテーション等を提供する。
通所サービス	居宅にいる要介護者・支援者が、デイサービスセンター等に通い、入浴および食事の提供その他の日常生活上の世話やリハビリテーション等を受ける。
短期入所サービス	居宅にいる要介護者・支援者が、短期入所施設に入所し、入浴、排せつ、食事等の介護その他の日常生活上の世話および機能訓練を受ける。
居宅介護支援介護予防支援	ケアマネジャーからケアプラン（介護予防プラン）などの作成支援等のサービスを受ける。
地域密着型サービス	住み慣れた地域で生活が継続できるよう、グループホームにおける生活支援等が行なわれる。
施設サービス	特別養護老人ホーム等の施設に入居し、入浴、排せつ、食事等の介護その他の日常生活上の世話、その他必要な医療等のサービスを受ける。
地域支援事業	介護予防事業、市町村の実情に応じたサービス。
その他サービス	福祉用具の貸与や購入に関する補助を受けるなど。

（5）国民年金・厚生年金保険

		国民年金（基礎年金）	厚生年金保険
老齢	支給条件	国民年金の加入期間が10年以上ある人	老齢基礎年金の受給資格期間を満たしており、厚生年金の加入期間がある人
	支給時期	65歳に達したときから死亡するまで	
	給付額	【満額支給の場合】 779,300円	【基本的な算式（報酬比例部分）】 平均標準報酬額×5.481/1000×被保険者期間の月数 これに加給年金額（224,300円）が加わることがある
障害	支給条件	①初診日において被保険者であること ②障害認定日に1級、2級の障害にある ③保険料納付済期間（免除期間を含む）が加入期間の3分の2以上あるなど	①初診日において被保険者であること ②障害認定日に1〜3級の障害にある ③保険料納付済期間（免除期間を含む）が加入期間の3分の2以上あるなど
	支給時期	障害の状態にある期間	
	給付額	【障害等級1級】 779,300円×1.25＋子の加算※ 【障害等級2級】 779,300円＋子の加算※ ※子の加算 　　第1子・第2子　各　224,300円 　　第3子以降　　　各　 74,800円	【障害等級1級】 報酬比例部分×1.25＋配偶者加給年金額 【障害等級2級】 報酬比例部分＋配偶者加給年金額 【障害等級3級】 報酬比例部分（最低保障584,500円）
遺族（死亡）	支給条件	被保険者または老齢基礎年金の資格期間を満たした者等が死亡したとき ただし、死亡者の保険料納付済期間（免除期間を含む）が加入期間の3分の2以上あること	①被保険者が死亡したとき ②被保険者期間中の傷病がもとで初診日から5年以内に死亡したとき ③老齢厚生年金の資格期間を満たした者が死亡したとき ④1級・2級の障害厚生年金を受けられる者が死亡したとき
	支給対象	子のいる配偶者、または子	配偶者と子 父母、孫、祖父母
	給付額	779,300円＋子の加算※ ※子の加算 　　第1子・第2子　各　224,300円 　　第3子以降　　　各　 74,800円	報酬比例部分×3/4 ※一定の条件に該当する妻には、584,500円／年が加算される（中高齢の加算）
その他		付加年金 寡婦年金 死亡一時金 脱退一時金（短期在留外国人）	脱退一時金（短期在留外国人） 脱退手当金（旧法）

※給付額は、2017年度のもの。

索　引

ABC

EDINET	174
e-Gov	80
ERG理論	207
e-Stat	178
HRM（Human Resource Management）	218
HRMモデル	219
PDCAサイクル	191
PM（Personnel Management）	218
SL理論	215
X理論	203
Y理論	203

あ 行

アサーティブなコミュニケーション	144, 147
アダムス	205
アベグレン	225
アルダーファ	207
安全の要求	198, 199
アンゾフ	218
育児・介護休業法	80, 96
育児休業	97
育児休業、介護休業等育児又は家族介護を行う労働者の福祉に関する法律	96
育児休業給付	111
移送費	247
遺族（補償）給付	112, 246
一時金	55
1年単位の変形労働時間制	86
1カ月単位の変形労働時間制	86
1週間単位の非定型的変形労働時間制	86
異動	27
インフォーマル・グループ	196
請負	103
売上原価	171
売上総利益	171
売上高	171
売上高営業利益率	171
営業外収益	171
営業外費用	171
営業利益	171
営業利益率	172
衛生要因	204
エドワード・L・デシ	200
オハイオ研究	214

か 行

回帰分析	183
解雇	22 34
介護休暇	97
介護休業	97
介護休業給付	111
介護給付	115
解雇通知書	34, 35
介護保険	107, 108, 109, 114, 248
介護（補償）給付	112, 246
解雇予告	83
介護予防支援	248
会社都合退職	34, 117
科学的管理法	194, 201
夏季賞与	56
夏季・冬季賞与・一時金調査結果	179
課業	193
確定給付企業年金	57, 58
確定拠出年金（企業型）	57, 58
確定申告	28
課税給与所得金額	74
家族移送費	247
家族出産一時金	248
家族訪問看護療養費	247
家族埋葬料	248
家族療養費	247
関係欲求	208
間接差別	96
ガント	194
カンパニー制	212
管理過程論	191
企画業務型裁量労働制	87
企業活動基本調査	173
企業内組合	225
企業年金	56, 57
企業の賃上げ動向等に関するフォローアップ調査	179
基礎控除	73
基礎年金	115
機能別組織	211
基本給	52
基本手当	110, 111, 245
基本手当日額	110
きまって支給する現金給与額	174
休業手当	84
休業（補償）給付	112, 246

求職者給付 …………………………… 244	コッター ……………………………… 216
給与改定 ……………………………… 54	コトラー ……………………………… 218
給与所得控除 ……………………… 72, 73	子の看護休暇 ………………………… 97
給与明細 …………………………… 28, 60	雇用 …………………………………… 21
教育訓練給付 …………………… 111, 244	雇用関係 ……………………………… 23
協会けんぽ …………………………… 114	雇用期間 ……………………………… 22
共済年金 ……………………………… 115	雇用継続給付 …………………… 111, 244
業績連動型賞与 ……………………… 56	雇用契約書 …………………………… 26
競争戦略論 …………………………… 218	雇用の分野における男女の均等な機会及び待
居宅介護支援 ………………………… 248	遇の確保等に関する法律 …………… 95
ギルブレス …………………………… 194	雇用保険 ……… 29, 66, 107, 108, 110, 111, 244
均等割 ………………………………… 68	雇用保険被保険者資格取得届 ……… 26
勤務延長制度 ………………………… 100	雇用保険被保険者資格証 …………… 26
勤務評定 ……………………………… 46	雇用保険被保険者資格喪失届 ……… 35
組合健保 ……………………………… 114	雇用保険料 …………………………… 30
グループ経営 ………………………… 212	コンティンジェンシー理論 ………… 216
経営戦略論 …………………………… 218	コンテント理論 ……………………… 203
経済人モデル ……………… 194, 201, 232	コンピテンシー評価 ………………… 49
経常利益 ……………………………… 171	コンピテンシー理論 ………………… 207
継続雇用制度 ………………………… 100	
月例給与 …………………………… 52, 63	**さ 行**
健康保険 ……………… 64, 107, 108, 109, 247	再雇用制度 …………………………… 100
健康保険・厚生年金保険被保険者資格取得届	最小値 ………………………………… 181
……………………………………… 26	最大値 ………………………………… 181
健康保険・厚生年金保険被保険者資格喪失届	最頻値 ………………………………… 181
……………………………………… 35	採用面接 ……………………………… 135
健康保険・厚生年金保険被保険者賞与支払届	裁量労働制 …………………………… 87
……………………………………… 66	査定 …………………………………… 46
健康保険被保険者証 …………… 26, 113	36協定（サブロク協定） ………… 88, 89
健康保険料 …………………………… 28	差別化 ………………………………… 222
源泉所得税 ………………… 28, 29, 66	差別出来高給制 ……………………… 194
源泉徴収 ……………………………… 28	産前産後休業 ………………………… 92
源泉徴収税額票 …………………… 66, 67	算定基礎額 …………………………… 63
源泉徴収票 ………………… 26, 34, 76	散布図 ………………………………… 182
権力欲求 ……………………………… 207	資格制度 ……………………………… 46
高額介護合算療養費 ………………… 247	自我の要求 ………………………… 198, 199
高額療養費 …………………………… 247	時季変更権 …………………………… 92
厚生年金 ……………………………… 116	事業場外労働のみなし労働時間制 ……… 87
厚生年金保険 ……… 29, 64, 108, 109, 115, 249	事業部制 ……………………………… 212
厚生年金保険料 ……………………… 28	自己実現の要求 …………………… 198, 199
行動特性評価 ………………………… 49	自己実現モデル …………… 198, 199, 201
行動理論 ……………………………… 214	自己都合退職 ……………………… 34, 117
高年齢雇用継続給付 ………………… 111	施設サービス ………………………… 248
高年齢者雇用安定法 …………… 80, 100	市町村民税 …………………………… 68
高年齢者等の雇用の安定等に関する法律 ……… 100	失業手当 ……………………………… 110
公平理論 ……………………………… 205	失業保険 ……………………………… 110
国民健康保険 ……………………… 36, 118	四分位数 ……………………………… 181
国民年金 ………………… 36, 115, 119, 249	市民税・県民税　特別徴収税額通知書 ……… 68
個人住民税 ………………………… 28, 29	シャイン ……………………………… 202
コストリーダーシップ ……………… 222	社会人モデル ……………… 197, 201, 232

社会的要求 ····················198, 199	税引前当期純利益 ····················171
社会保険 ····························108	生命保険料控除 ························73
社会保険料 ························28, 29	生理的要求 ····················198, 199
社会保険料控除 ························73	セクシャル・ハラスメント（セクハラ）
就業規則 ····························37	····················95, 96, 168
就職促進給付 ····················111, 244	是正勧告 ····························168
終身雇用 ····························225	絶対的必要記載事項 ····················38
住民税 ····························28	専門業務型裁量労働制 ··················87
就労条件総合調査 ················176, 179	葬祭料（葬祭給付）·············112, 246
出産一時金 ························248	総支給額 ····························63
出産手当金 ························247	相対的必要記載事項 ····················38
春季生活闘争（春闘）··········19, 140	存在欲求 ····························208
情意評価 ····························49	
障害（補償）給付 ·············112, 246	**た 行**
試用期間 ····························43	退職 ··························21, 22
昇給 ····························54	退職金 ····························56
状況対応リーダーシップ理論 ··········216	退職金規程 ························38
所定外給与 ························53	退職金、年金及び定年制事情調査 ······179
所定休日 ····························43	退職証明書 ························35
所定内給与 ························53	退職通知書 ····················34, 35
所定内給与額 ························174	退職願 ························34, 35
傷病手当金 ············30, 113, 114, 247	代表値 ························178, 181
傷病（補償）給付 ·············112, 246	達成欲求 ····························207
傷病（補償）年金 ·············112, 114	短期入所サービス ····················248
賞与 ····························55	短時間労働者の雇用管理の改善等に関する
職階制度 ····························46	法律 ····························102
職業安定業務統計 ····················179	男女雇用機会均等法 ················80, 95
職能給 ····················54, 55, 229	団体交渉 ··············125, 140, 141
職能資格制度 ····················47, 228	地域支援事業 ····················115, 248
職能別組織 ························211 212	地域密着型サービス ··················248
職務給 ····················54, 55, 229	チクセントミハイ ····················208
職務等級制度 ············47, 48, 229	中位数 ····························181
所定休日 ····························84	中央値 ····························181
所定労働時間 ············43, 84, 85	中小企業の賃金（・退職金）事情 ···176, 179
所得控除 ························72, 73	賃上げ ····························54
所得税 ························28, 29	賃金規程 ····························38
所得割 ····························68	賃金構造基本統計調査 ············174, 179
人件費 ····························172	賃金事情等総合調査（賃金事情調査）··175, 179
人事異動 ····························27	賃金支払いの5原則 ··················84
人事管理 ····························218	賃金引上げ等の実態に関する調査 ········179
人事考課制度 ························46	通所サービス ························248
人事制度 ························45, 46	手当 ····························52
人事評価シート ························51	定期昇給 ····························54
人的資源管理 ························218	定時決定 ························18, 30
深夜残業 ····························85	定年 ························43, 100
深夜労働 ····························90	テイラー ····························192
親和欲求 ····························207	テイラー・システム ··················194
ストックオプション ··················56	テイラーリズム ························193
成果評価 ····························49	転勤 ····························27
成長欲求 ····························208	電子政府の総合窓口 ··················80

当期純利益	171	被保険者資格の取得	16, 23
動機付け要因	204	被保険者資格の喪失	34
等級制度	46, 47	評価制度	46, 49
特性理論	213	標準賞与	66
特別条項付き協定	90	標準偏差	178, 181
特別損失	171	標準報酬月額	30, 64
特別徴収	28, 29	比例付与	92
特別利益	171	ファシリテーション	136
都道府県民税	68	ファヨール	191
ドラッカー	200, 218	フィードラー	210

な 行

内定	19, 21, 22	付加価値	172
内定式	19	複雑人モデル	202
内内定	18	服務規律	41
並数	181	復興特別所得税	74
二次健康診断等給付	246	普通徴収	28
入院時食事療養費	247	不当労働行為	142
入院時生活療養費	247	扶養控除	73
入社	21, 22	扶養控除申告書	26
入社式	21	ブランチャード	216
任意継続被保険者	118	ブレイン・ストーミング	164
人間関係論	197, 201	ブレーク	215
年間賞与その他特別給与額	174	ブレークダウン	159
ねんきん定期便	120	フレックスタイム制	86, 88
年金手帳	26	プロセス理論	203, 205
ねんきんネット	120	フロー理論	208
年功序列	225	ベア	54
年功賃金	54, 55	平均値	178, 181
年次有給休暇	91, 130	ベースアップ	54
年末賞与	56	変革型リーダーシップ理論	216
年末調整	19, 28, 71	変形労働時間制	86
能力給	54, 55	報酬制度	52
能力等級制度	47	法人税、住民税及び事業税	171
能力評価	49	法人税等調整額	171

は 行

配偶者控除	73	法定外残業	85
配属	27	法定休日	84
配置転換	27	法定休日労働	90
ハーシー	216	法定時間外労働	90
バス	216	法定内残業	85
ハーズバーグ	204	法定労働時間	84, 85
パートタイム労働法	80, 101	訪問看護療養費	247
バーナード	210	訪問サービス	248
パパ・ママ育休プラス	97	保険外併用療養費	247
バリュー評価	49	保険料控除 兼 配偶者特別控除申告書	72
パワー・ハラスメント（パワハラ）	168	ホーソン実験	196
バーンズ	216	ポーター	218, 222
販売及び一般管理費	171	ボーナス	55
		本給	52
		本俸	52

ま 行

埋葬料（埋葬費）······248
毎月勤労統計調査······179
マイナンバーカード······26, 27
マグレガー······203
マクレランド······207
マーケティング戦略論······218
マズロー······198
マズローの要求5段階説······198
マタニティ・ハラスメント······95
マトリックス組織······212
マネジアル・グリッド······214
マネジメント······190
ミシガンモデル······214
民間主要企業夏季(年末)一時金妥結状況···179
無期契約······83
無期転換ルール······94
ムートン······215
メイヨー······196
目標管理制度······49
モチベーション理論······197, 198, 201, 203
問題社員······166

や 行

役割給······54, 55
役割等級制度······47, 231
雇止め······111
誘意性······206
有価証券報告書······174
有期契約······83
欲求理論······207
予防給付······115
401k······58

ら 行

離職証明書······32, 35

離職票······35
リーダーシップ······213
リーダーシップ理論······197
療養の給付······113, 247
療養費······247
療養（補償）給付······112, 246
臨検監督······168
レスリスバーガー······196
労災保険······107, 108, 112
労災保険料······30
労使協定······39, 40
労働安全衛生法······80
労働関係調整法······80
労働基準監督署······41, 167
労働基準法······80, 82
労働協約······39, 40
労働組合······39, 40, 140
労働組合法······80
労働契約······21, 39, 40, 83
労働契約書······26
労働契約法······80, 94
労働契約申込みみなし制度······104
労働者災害補償保険······29, 30, 107, 108, 112
労働者派遣······103
労働者派遣事業の適正な運営の確保及び派遣
　労働者の保護等に関する法律······104
労働者派遣法······80, 103
労働条件通知書······24, 26
労働生産性······172
労働分配率······172
労働法······80
労働保険······30, 106, 108
労働保険の年度更新······18, 30
労働保険料······29
労働力調査······176, 179
老齢基礎年金······116
老齢厚生年金······116

深瀬勝範（ふかせ　かつのり）

Fフロンティア株式会社代表取締役。人事コンサルタント、社会保険労務士。1962年神奈川県生まれ。一橋大学卒業後、大手電機メーカー、大手情報サービス会社人事部長、金融機関系コンサルティング会社を経て独立。組織改革、事業計画の策定等のコンサルティングを行ないながら、執筆・講演活動を積極的に展開している。
著書に『Excelでできる！　統計データ分析の仕方と人事・賃金・評価への活かし方』（日本法令）、『はじめて人事担当者になったとき知っておくべき、7の基本。8つの主な役割。』『実践　人事データ活用術』（以上、労務行政）、『図解！「人事」のすべて』（秀和システム）などがある。

担当になったら知っておきたい「人事」の基本

2018年7月20日　初版発行

著　者　深瀬勝範　©K.Fukase 2018
発行者　吉田啓二

発行所　株式会社 日本実業出版社　東京都新宿区市谷本村町3−29 〒162-0845
　　　　　　　　　　　　　　　　大阪市北区西天満6−8−1 〒530-0047
　　　　編集部　☎03-3268-5651　振　替　00170-1-25349
　　　　営業部　☎03-3268-5161　https://www.njg.co.jp/

印刷／壮光舎　　製本／共栄社

この本の内容についてのお問合せは、書面かFAX（03-3268-0832）にてお願い致します。
落丁・乱丁本は、送料小社負担にて、お取り替え致します。
ISBN 978-4-534-05604-7　Printed in JAPAN

日本実業出版社の本

「人事・労務」の実務が まるごとわかる本

望月建吾・水野浩志・堀下
和紀・岩本浩一・杉山晃浩
定価 本体 2300円（税別）

社会保険手続きから、給与計算業務、就業規則、雇用契約書、採用、人事評価、労働組合対策、社内研修まで、初めて担当する人でも理解しやすいように実務のポイントをわかりやすく解説。

社会保険の手続きが サクサクできる本

社会保険労務士法人
名南経営
定価 本体 1500円（税別）

社会保険は詳しく知らない人が多く、業務でかかわる際、戸惑うケースが少なくありません。本書は、新人と先輩社員の会話も交え、様式記載例やポイントを解説。「最初の1冊」として手にとる本。

中小企業の「人事評価・賃金制度」 つくり方・見直し方

大津章敬
定価 本体 2000円（税別）

「採用難に陥っている」「社員が定着しない」と悩んでいる中小企業向けに、人事制度の設計を得意とする実力派の社会保険労務士が、人事評価・賃金制度改革の具体的手順をわかりやすく解説！

図解でハッキリわかる 労働時間、休日・休暇の実務

佐藤広一
定価 本体 1600円（税別）

法定労働時間と所定労働時間の違い、時間外労働の割増賃金の算定のしかた、有給休暇の付与日数、休憩時間の定め方など、労働法で規定されているルールや実務ポイントを図解入りでやさしく解説。

定価変更の場合はご了承ください。